한국어 학습 총서 12

Korean Grammar Practice for Foreigners

日本語版

上級

고급

외국인을 위한

한국어 문법 연습

外国人のための韓国語文法練習

연세대학교 한국어학당 편

연세대학교 대학출판문화원

前書き

延世大学の韓国語学堂が今年で創立53周年を迎えました。これまで延世大学の韓国語学堂は会話や言語機能、活用練習用など数多くの教材を製作し、出版して参りました。

しかし、近頃韓国語を学ぶ学習者の増加によりそのニーズが多様化するにつれ、韓国語の語彙や文法にフォーカスを当てて、より差別化を図った学習用の教材が必要となりました。

このようなニーズに応えるべく、韓国語学堂では『外国人のための韓国語練習』と『外国人のための韓国語練習』を出版することになりました。

『外国人のための韓国語練習』は初級・中級・上級の3巻構成で、韓国語学習者の文法能力を高めることにより韓国語のレベルを向上させるように考案されております。

特に『外国人のための韓国語練習』は、現在行われている様々な韓国語能力試験の対策として、一般韓国語教材や韓国語能力試験で扱われている文法をレベルに合わせて選定し、それぞれの意味や働きを説明しながら例文を付けています。更に問題をたくさん収録し、学習した文法を活用するように配慮しております。

『外国人のための韓国語練習』は韓国語教育機関で文法学習のための副教材として活用することが出来る上、独学のための教材としてもご活用いただけます。

この教材が韓国語学習者の文法学習においてより効率的な実力向上に役立つことを期待致します。

延世大学 言語研究教育院 韓国語学堂 教材編纂委員会

머리말

연세대학교 한국어학당이 창립된 지 올해로 53주년이 되었습니다. 지난 53년 동안 연세대학교 한국어학당은 회화 교재, 언어기능별 교재, 활용연습용 교재 등 많은 교재를 집필, 출간해 왔습니다. 그러나 최근 한국어를 배우는 학습자들이 늘면서 그들의 요구도 다양해졌으며, 한국어 어휘와 문법에 초점을 둔 차별화되고 전략화된 학습용 교재가 필요하게 되었습니다. 이러한 요구에 힘입어 한국어학당에서는 『외국인을 위한 한국어 문법 연습』과 『외국인을 위한 한국어 문법 연습』 교재를 출간하게 되었습니다.

『외국인을 위한 한국어 문법 연습』 교재는 초급과 중급, 고급의 3권으로 구성되었으며, 한국어를 공부하는 학습자들의 문법 능력을 향상시켜 한국어 숙달도를 높일 수 있도록 고안되었습니다. 특히 『외국인을 위한 한국어 문법 연습』은 현재 시행되고 있는 다양한 한국어능력 평가 시험에 대비하도록 구성되어, 한국어 교재와 한국어능력 평가 시험에서 다루어지고 있는 문법 항목을 등급에 맞게 선정하여 각 문법 항목의 의미와 기능을 설명하고 예문을 제시하였습니다. 또한 다양한 문제를 통해 학습한 문법을 활용할 수 있도록 구성되었습니다.

『외국인을 위한 한국어 문법 연습』은 한국어교육기관에서 문법 학습을 위한 부교재로 활용할 수 있으며 혼자서 공부하는 학습자는 자습용으로 활용할 수 있습니다. 본 교재가 한국어 학습자들이 효율적으로 문법을 학습하여 한국어능력을 향상할 수 있도록 하는 데 기여할 수 있기를 바랍니다.

연세대학교 언어연구교육원 한국어학당 교재편찬위원회

本書の構成

1. 『外国人のための韓国語練習』は外国語としての韓国語を学ぶ外国人学習者が韓国語の文法構造や用法を正確に理解し、正しい韓国語の文章を構成することが出来るよう手助けをすることが目的である。

2. この本は外国人の学習者のための文法書として学習者が上級段階で知っておくべき文法を掲載した。

3 この本は上級韓国語学習者の文法能力を向上させることの出来る多様な類型の問題を扱い、韓国語能力試験(TOPIK)に備えるために韓国語能力試験の問題類型も一緒に扱った。

4. この本は'文法編'と'練習問題'に分かれている。'文法編'では文法項目の詳細な用法の説明、活用形態、例文を提示した後、これに対する理解をもとに問題を解くことが出来るよう〈練習〉を掲載した。'練習問題'では'文法編'で提示した文法項目を扱う多様で総合的な練習問題を掲載した。

5. この本は約100個の上級文法を掲載した。

6. 上級文法の選定は一般韓国語教材(上級)で扱われる文法を基本にし、韓国語能力試験(上級)に出題される文法項目を付け加えた。

7. '文法編'で扱う〈用法〉では文法の用法についての詳細な説明を簡単に理解出来るようにし、類似した文法形態も会わせて提示した。

8. 〈活用形態〉では文法により多様な形態で活用する例を最大限提示し正確に使用できるようにした。

9. 〈例文〉では用法をきちんと理解出来る例文と多様な活用形態を確認出来る例文などを中心に、提示した。

10. 文法により〈参考〉を設けたが〈参考〉では類似した文法がある場合は比較して提示し、異なる用法で使用される場合、例外がある場合等、多様な場合に合わせて補足説明とそれに合った例文を掲載して正確に使えるようにした。

11. 〈練習〉は該当文法を最もよく理解し使用できるよう会話完成、作文、二つの文をつなげる問題等で構成した。

12. '練習問題'は'文法編'で学習した文法の意味と構造を脈絡と状況に分かれた多様な問題類型を通じ理解、確認出来るように構成した。

13. 〈模範解答〉では'文法編'にある〈練習〉の模範解答と'練習問題'模範解答をわかりやすく提示し学習者が一人で勉強する手助けになるようにした。

14. 〈文法索引〉では'文法編'で扱った文法によって見出し語及び活用形態、参考に提示した形態を全て載せ学習者が簡単に探せるようにし、'가나다'の順で整理し、その文法掲載のページ数と一緒に提示した。

15. 『外国人のための韓国語練習』は外国人学習者の理解を促すために翻訳を併せて掲載した。

일러두기

1. 『외국인을 위한 한국어 문법 연습』은 외국어로서의 한국어를 배우는 외국인 학습자들이 한국어의 문법 구조를 이해하고 정확한 용법을 파악하여 올바른 한국어 문장을 만들 수 있도록 하는 데 도움을 주고자 하였다.
2. 이 책은 외국인 학습자들을 위한 문법서로 학습자가 고급 단계에서 알아야 할 문법을 실었다.
3. 이 책은 고급 한국어 학습자의 문법 능력을 향상시킬 수 있는 다양한 유형의 문제를 다루었으며, 한국어능력시험(TOPIK)에 대비하도록 한국어능력시험의 문제 유형도 함께 다루었다.
4. 이 책은 '문법 알아보기'와 '연습문제'로 나눠 실었다. '문법 알아보기'에서는 문법 항목에 대한 상세한 용법 설명과 활용 형태, 예문을 제시하고 이에 대한 이해를 바탕으로 문제를 풀 수 있도록 〈연습〉을 실었으며, '연습문제'에서는 '문법 알아보기'에서 제시한 문법 항목에 대한 다양하고 종합적인 연습문제를 실었다.
5. 이 책에는 100개의 고급 문법을 실었다.
6. 고급 문법의 선정은 다양한 한국어 교재(고급)에 나오는 문법을 기본으로 하였으며 한국어능력시험(고급)에서 다루고 있는 문법 항목을 첨가하였다.
7. '문법 알아보기'에서 다룬 〈용법〉에서는 문법의 용법에 대한 상세한 설명을 쉽게 이해할 수 있도록 하였으며 유사한 문법의 형태도 함께 제시하였다.
8. 〈활용 형태〉에서는 문법에 따라 다양한 형태로 활용되는 예를 최대한 보여 주어 정확하게 사용할 수 있도록 하였다.
9. 〈예문〉에서는 용법을 잘 이해할 수 있는 예문과 다양한 활용 형태를 확인할 수 있는 예문 등을 중심으로 제시하였다.
10. 문법에 따라 〈참고〉를 두었는데 〈참고〉에서는 유사한 문법이 있는 경우 비교, 대조하여 사용할 수 있으며, 다른 용법으로 사용이 되는 경우, 예외가 있는 경우 등 다양한 경우에 맞게 보충 설명과 그에 맞는 예문을 실어 정확하게 사용할 수 있도록 하였다.
11. 〈연습〉은 해당 문법을 가장 잘 이해하고 사용할 수 있도록 대화 완성하기, 문장 완성하기, 두 문장 연결하기 등으로 구성하였다.
12. '연습문제'는 '문법 알아보기'에서 학습한 문법의 의미와 구조를 맥락과 상황으로 이루어진 다양한 문제 유형을 통해 이해 · 확인할 수 있도록 구성하였다.
13. 〈모범 답안〉에서는 '문법 알아보기'에 있는 〈연습〉의 모범 답안과 '연습문제'의 모범 답안을 알기 쉽게 제시하여 학습자가 혼자 공부하는 데 도움이 되도록 하였다.
14. 〈문법 색인〉에서는 '문법 알아보기'에서 다룬 문법에 따라 표제어 및 활용 형태, 참고에 제시된 형태를 모두 실어 학습자들이 쉽게 찾을 수 있도록 하였으며, 모두 '가나다' 순으로 정리하여 그 문법이 실려 있는 쪽수와 함께 제시하였다.
15. 『외국인을 위한 한국어 문법 연습』은 외국인 학습자의 이해를 돕기 위해 번역을 함께 실었다.

차례

目次

Ⅱ. 연습문제(練習問題)

부록(付録)

I

문법 알아보기

文法編

문법 알아보기

ㄱ

001 | –거늘

용법 用法

앞 문장의 사실이 당연한 것이므로 그 사실로 미루어 뒤에 오는 문장의 내용도 그러할 것임을 강조하는 예스러운 표현이다. 뒤 문장에서 '하물며', '어찌', '–는가', '–으랴' 등과 함께 쓰는 경우가 많다.
前に示される事実が当然なことであるゆえに後に来る内容もそうであろうと推測し強調する古風な表現である。後半部分で'하물며','어찌','–는가','–으랴' 等と一緒に使う場合が多い。

활용 형태 活用形態

–거늘 동사나 형용사의 어간 뒤에 사용한다.
動詞や形容詞の語幹の後ろにつけて使用する。

예 먹**거늘**, 가**거늘**, 춥**거늘**, 깨끗하**거늘**

이거늘 명사 뒤에 사용한다.
名詞の後ろにつけて使用する。

예 사람**이거늘**, 친구**이거늘**

–었거늘/았거늘/였거늘
과거의 사실을 나타낼 때 동사나 형용사의 어간 뒤에 사용한다.
過去の事実を表すとき動詞や形容詞の語幹の後ろにつけて使用する。

예 뽑**았거늘**, 냉정**했거늘**

예문 例文

❶ 십 년이면 강산도 변하거늘 하물며 사람의 마음이 변하지 않으랴.
10年経てば世間もすっかり変わるのに、ましてや人の心が変わらないだろうか。

❷ 저들도 인간이거늘 어찌 인간의 도리를 모른단 말이오?
あの人達も人間なのに、なにゆえ人間の道理を知らないのだろうか。

❸ 내가 그리 여러 번 타일렀거늘 아무 소용이 없었단 말인가?
私があれほど何度も忠告したのに、何の意味もなかったということか。

연습 練習 '-거늘'을 사용하여 두 문장을 한 문장으로 만드십시오.
'-거늘'を使って2つの文を1つの文にしなさい。

1. 이렇게 애타게 찾고 있다 / 도대체 어디로 사라졌단 말인가?

➡ ______________________________

2. 의리를 지키는 것이 중요하다 / 이렇게 우리의 믿음을 저버릴 수 있는가?

➡ ______________________________

3. 그동안 온 가족이 병원 뒷바라지로 고생하는 것을 봤다 / 그 정성을 모르랴.

➡ ______________________________

002 | -거니와

용법 用法

앞 문장의 내용을 인정하면서 뒤의 사실을 덧붙임을 나타낸다. 앞의 사실에 더해 뒤의 사실까지 있어서 더 어떠하다는 의미이다. 명사를 강조하여 '도 -거니와'의 형태로 자주 쓰이며, '-으려니와'와 유사한 의미로 쓰인다.

前で述べた内容を肯定しながら後ろの事実を付け加える働きをする。前の事実に後ろの事実まで加わる為、程度がより高いことを表す。名詞を強調し'도 -거니와'の形態でしばしば用いられ、'-으려니와'と類似した意味で使われる。

활용 형태 活用形態

-거니와 동사나 형용사의 어간 뒤에 사용한다.
動詞や形容詞の語幹の後ろにつけて使用する。

예 묻**거니와**, 변하**거니와**, 번거롭**거니와**, 복잡하**거니와**

이거니와 명사 뒤에 사용한다.
名詞の後ろにつけて使用する。

예 해결책**이거니와**, 문제**이거니와**

-었거니와/았거니와/였거니와

과거의 사실을 나타낼 때 동사나 형용사의 어간 뒤에 사용한다.
過去の事実を表すとき動詞や形容詞の語幹の後ろに使用する。

예 일**했거니와**, 예**뻤거니와**

-겠거니와 의지나 추측을 나타낼 때 동사나 형용사의 어간 뒤에 사용한다.
意志や推測を表すとき動詞や形容詞の語幹の後ろにつけて使用する。

예 인상되**겠거니와**, 번거롭**겠거니와**

예문 例文

❶ 상사는 부하를 인격적으로 대해야 하거니와 업무 수행에 대해서도 정당한 평가를 해 주어야 한다.
上司は部下を人格的に接し、なおかつ勤務態度に対しては正しく評価をしてあげなければならない。

❷ 이번 지진으로 인한 경제적 손실도 손실이거니와 인명 피해도 상당해 집계가 늦어지고 있다.
今回の地震による経済的損失も損失だが人的被害も甚大であるため集計が遅れている。

❸ 예전에는, 결혼하라는 부모님의 성화도 심했거니와 설령 취직한다고 해도 승진이 되지 않았기 때문에 취직을 하지 않는 여성들이 많았다.
以前は両親が結婚を迫る傾向が強かった上に、例え就職しても昇進できなかった為、就職をしない女性が多かった。

❹ 인터넷 민원 제기도 하겠거니와 직접 찾아가 호소도 해 볼 생각입니다.
インターネットで苦情を言うことも当然しますが、直接訪ねて直談判もしてみるつもりです。

연습 練習 '-거니와'를 사용하여 문장을 완성하십시오.
'-거니와'を使って文を完成させなさい。

1. 김 부장은 ______________________________ 대인관계도 좋아 평판이 좋다.

2. 동시 통역사가 되려면 ______________________________

3. 논문의 ______________________________ 자료의 적절성에 대한 문제 제기가 있었다.

꼭~ 알아두기

003 | -거들랑

용법 用法

앞 문장에서 뒤 문장의 행위를 하게 되는 조건이나 경우를 미리 제시함을 나타낸다. '-거든'과 유사한 의미로 쓰이며 뒤 문장에는 명령형이나 청유형이 온다.
前で後半部分の行為をさせる条件や場合を先に提示することを表す。'-거든'と類似した意味で用いられ後半部分には命令形や請誘形が来る。

활용 형태 活用形態

-거들랑
동사나 형용사의 어간 뒤에 사용한다.
動詞や形容詞の語幹の後ろにつけて使用する。

예 받**거들랑**, 오**거들랑**, 밉**거들랑**, 아프**거들랑**

이거들랑
명사 뒤에 사용한다.
名詞の後ろにつけて使用する。

예 방학**이거들랑**, 독자**이거들랑**

-었거들랑/았거들랑/였거들랑
과거의 완료된 사실을 나타낼 때 동사의 어간 뒤에 사용한다.
過去の完了した事実を表すとき動詞の語幹の後に使用する。

예 배**웠거들랑**

-겠거들랑
추측을 나타낼 때 동사나 형용사의 어간 뒤에 사용한다.
推測を表すとき動詞や形容詞の語幹の後ろにつけて使用する。

예 모르**겠거들랑**, 힘들**겠거들랑**

예문 例文

❶ 기회가 오거들랑 놓치지 말고 잡으세요.
チャンスが訪れたら逃さないようにしなさい。

❷ 불성실한 사람이거들랑 채용하지 맙시다.
不真面目な人なら不採用にしましょう。

❸ 식사를 하고 왔거들랑 차만 대접합시다.
食事をして来られたのなら､お茶だけお出ししましょう。

❹ 잊을 수 있겠거들랑 헤어지겠다고 말해라.
忘れられるなら別れを告げるがいい。

연습 練習 **맞는 문장을 고르십시오.**
正しい文を選びなさい。

1. 이번 발표도 내용이 부실하거든랑 주의를 줍시다. ( )
   이번 발표도 내용이 부실하거든랑 주의를 줬습니다. ( )
2. 잘 해보려는 성의를 보였거든랑 부족한 점을 지적하세요. ( )
   잘 해보려는 성의를 보였거든랑 부족해도 나무라지 마세요. ( )
3. 부장이 쓸데없는 간섭을 하거든랑 한마디 하세요. ( )
   부장이 쓸데없는 간섭을 하거든랑 한마디 했어요. ( )

004 | -건대

용법 用法

주로 '보다, 듣다, 생각하다, 바라다, 느끼다' 등에 붙어 쓰이며, 뒤 문장에서 하려는 말의 근거나 출처를 나타낸다. 의미상의 이유로 '바라건대'에는 명령형, 청유형을 쓸 수 있지만 다른 동사에는 명령형, 청유형이 올 수 없다.

主に '보다, 듣다, 생각하다, 바라다, 느끼다' 等につけて使われ後半部分で述べようとすることの根拠や出所を表す。意味上の理由から'바라건대'には命令形、請誘形を用いることができるが別の動詞には命令形、請誘形を使うことはできない。

활용 형태 活用形態

-건대　동사의 어간 뒤에 사용한다.
動詞の語幹の後ろにつけて使用する。

예 듣**건대**, 느끼**건대**

예문 例文

❶ 내가 생각해 보건대 이 일은 이미 재고의 여지가 없는 것 같다.
私が思うに、もうこの件については再び考える余地がないだろう。

❷ 제가 듣건대 그 회사는 요즘 자금난에 시달리고 있다고 합니다.
私が聞いたところでは、あの会社は最近資金繰りが悪くなっているらしいです。

❸ 바라건대 다시는 이런 사고가 재발하지 않도록 해주십시오.
願わくは、もう2度とこのような事故が発生しないようにしてください。

연습 練習　맞는 문장을 고르십시오.
正しい文を選びなさい。

1. 제가 생각하건대 서로 조금씩 양보하면 문제가 해결될 겁니다. (　　)
   제가 생각하건대 서로 조금씩 양보해서 문제를 해결합시다. (　　)

2. 제가 느끼건대 이제라도 돌이킬 수 있으면 되돌립시다. (　　)
   제가 느끼건대 이제는 돌이킬 수 없는 상황입니다. (　　)

3. 간절히 원하건대 진실이 무엇입니까? (　　)
   간절히 원하건대 진실을 말씀해 주십시오. (　　)

005 | -건마는

용법 用法 앞 문장이 나타내는 사실이나 앞 문장의 내용으로 예상되는 결과와 반대되는 상황이 뒤 문장으로 이어질 때 쓰는 표현이다. '-건마는'은 '-건만'으로 줄여 쓸 수 있다.
前が表す事実や内容で予想される結果と相反する状況が後半部分に続くとき用いる表現である。'-건마는'は'-건만'に縮めて用いることができる。

활용 형태 活用形態

-건마는 동사나 형용사의 어간 뒤에 사용한다.
動詞や形容詞の語幹の後ろにつけて使用する。

예 남**건마는**, 노력하**건마는**, 아름답**건마는**, 조용하**건마는**

이건마는 명사 뒤에 사용한다.
名詞の後ろにつけて使用する。

예 자식**이건마는**, 아내**이건마는**

-었건마는/았건마는/였건마는
과거의 사실을 나타낼 때 동사나 형용사의 어간 뒤에 사용한다.
過去の事実を表すとき動詞や形容詞の語幹の後ろにつけて使用する。

예 쉬**었건마는**, 짧**았건마는**

-겠건마는 의지나 추측을 나타낼 때 동사나 형용사의 어간 뒤에 사용한다.
意志や推測を表すとき動詞や形容詞の語幹の後ろにつけて使用する。

예 빌려주**겠건마는**, 고단하**겠건마는**

예문 例文

❶ 능력이 뛰어나건마는 인정해 주는 사람을 만나지 못한 것 같다.
能力は優れているが、それを認めてくれる人に出会えなかったようだ。

❷ 꿈이 많았던 사람이건마는 뜻을 펴지 못해 안타까울 뿐입니다.
多くの志を抱いていた人でしたが、その志を実らせることができずただただ残念です。

❸ 여러 번 설명을 했건마는 이해를 못한 눈치이다.
何度も説明したけれど、まだ分かっていない様子だ。

❹ 도와 달라고 하면 도와주겠건마는 자존심 때문인지 말을 하지 않는다.
頼まれたら助けてやるつもりだが、プライドのせいか言ってこない。

연습 練習

'-건마는'을 사용하여 두 문장을 한 문장으로 만드십시오.
'-건마는'を使って2つの文を1つの文にしなさい。

1. 물가가 계속 오르다 / 정부 당국은 별다른 대책을 세우지 못하고 있다.

   ➡ ______________________________

2. 밤을 새워 준비를 했다 / 너무 긴장해 면접시험에서 실력 발휘를 못한 것 같다.

   ➡ ______________________________

3. 10년 동안 동고동락했던 동료이다 / 회사를 그만 둔다니 무척 섭섭하다.

   ➡ ______________________________

006 | -게끔

용법 用法 뒤에 오는 행위에 대한 목적, 이유, 기준을 나타낸다. 어미 '-게'의 강조 형태로 '-하도록, -할 수 있도록'의 뜻이다.
後半部分に来る行為の目的、理由、基準などを表す。語尾'-게'の強調形態で'-하도록, -할 수 있도록'の意味である。

활용 형태 活用形態

-게끔 동사나 형용사의 어간 뒤에 사용한다.
動詞や形容詞の語幹の後ろにつけて使用する。

예 믿**게끔**, 지나가**게끔**, 춥지 않**게끔**, 깨끗하**게끔**

예문 例文

❶ 부모님이 걱정하시지 않게끔 평소에 전화 연락을 드리세요.
御両親が心配されないように、普段から電話で連絡を取りなさい。

❷ 아이들이 맑은 공기를 마실 수 있게끔 우리가 자연을 지켜야 합니다.
子供たちがきれいな空気を吸えるように、我々は自然を守らなければなりません。

❸ 계획에 차질이 없게끔 행사내용을 사전에 확인하는 게 중요합니다.
計画に差し支えがないよう、事前にイベントの内容を確認することが大事です。

연습 練習 '-게끔'을 사용하여 문장을 완성하십시오.
'-게끔'を使って文を完成させなさい。

1. 후보자들은 ______________________ 깨끗한 선거 운동을 해야 한다.

2. ______________ 의사는 신중하고 신뢰감을 줄 수 있는 말을 해야 하지 않을까?

3. ______________________ 고객 서비스의 질을 높여야 합니다.

꼭~ 알아두기

007 | –겠거니 하다

용법 用法 으레 그럴 거라고 단정하거나 미루어 짐작함을 의미한다.
当然そうであると断定したり推測することを意味する。

활용 형태 活用形態

–겠거니 하다 동사나 형용사의 어간 뒤에 사용한다.
動詞や形容詞の語幹の後ろにつけて使用する。

예 찾**겠거니 하다**, 보이**겠거니 하다**, 쉽**겠거니 하다**, 예쁘**겠거니 하다**

이겠거니 하다 명사 뒤에 사용한다.
名詞の後ろにつけて使用する。

예 선물**이겠거니 하다**, 동료**이겠거니 하다**

–었겠거니/았겠거니/였겠거니 하다
과거의 사실을 나타낼 때 동사나 형용사의 어간 뒤에 사용한다.
過去の事実を表すとき動詞や形容詞の語幹の後ろにつけて使用する。

예 마음에 드**셨겠거니 하다**, 피곤**했겠거니 하다**

예문 例文

❶ 고기를 잘 먹겠거니 하고 준비했는데 별로 안 좋아하는 것 같았다.
肉が好きだと思って用意したが,あまり好きではないようだった。

❷ 사무실 동료가 소개했다니 좋은 사람이겠거니 했어요.
会社の同僚からの紹介だったので,きっと良い人だろうと思っていました。

❸ 다들 도착했겠거니 하고 들어가 보니 몇 명 없었어요.
みんな着いていると思っていましたが,入ってみると数人しかいなかったです。

연습 練習 '-겠거니 하다'를 사용하여 대화를 완성하십시오.
'-겠거니 하다'を使って会話を完成させなさい。

1. 가 : 부모들의 말다툼 내용을 듣고 상처받는 애들이 많다는데요. 왜 조심들을 안 하는지 모르겠어요.

   나 : ________________________________ 경우가 많다잖아요.

2. 가 : 오늘 중요한 결정을 해야 하는데 왜 이렇게 참석률이 저조하지요?

   나 : ________________________ 확인 연락을 안 한 것이 문제인 것 같습니다.

3. 가 : 이런 유흥업소에 고등학생을 출입시키면 어떻게 합니까?

   나 : 고등학생이라니요? 어른스러워 보여서 ________________________

008 | -겠냐마는

용법 用法

추측한 앞 문장의 내용을 그러할 것이라고 당연시하나 그럼에도 그것이 뒤 문장의 내용에 영향을 미치지 않음을 나타낸다. '-으랴마는'과 유사한 의미로 쓰인다.
前で推測した内容を当然視するが、それが後半部分の内容に影響を与えないことを表す。'-으랴마는'と類似した意味で用いる。

활용 형태 活用形態

-겠냐마는 동사나 형용사의 어간 뒤에 사용한다.
動詞や形容詞の語幹の後ろにつけて使用する。

예 받**겠냐마는**, 주**겠냐마는**, 싫**겠냐마는**, 나쁘**겠냐마는**

이겠냐마는 명사 뒤에 사용한다.
名詞の後ろにつけて使用する。

예 사장**이겠냐마는**, 대표**이겠냐마는**

-었겠냐마는/았겠냐마는/였겠냐마는
과거의 사실을 나타낼 때 동사나 형용사의 어간 뒤에 사용한다.
過去の事実を表すとき動詞や形容詞の語幹の後ろにつけて使用する。

예 배**웠겠냐마는**, 좋**았겠냐마는**

예문 例文

❶ 아니 땐 굴뚝에 연기가 나겠냐마는 그 소문은 도저히 믿을 수가 없네.
火のないところに煙は立たないと言うが、その噂は到底信用できないね。

❷ 저런 무책임한 사람들이 부모이겠냐마는 행여 그렇다면 큰일이군요.
あんな無責任な人たちが親なわけないと思いますが、もし本当なら大変ですね。

❸ 잠깐 사이에 무슨 일이 있었겠냐마는 별일이 없었는지 전화라도 해 보자.
短い間だったから何事もないと思うが、念のために変わったことは無いか電話でもしてみよう。

연습 練習 '-겠냐마는'을 사용하여 같은 의미가 되도록 문장을 만드십시오.
'-겠냐마는'を使って同じ意味になるよう文を作りなさい。

1. 희귀한 자료라서 구하기 쉽지 않겠지만 찾아 봐야지.

➡ ______________________________

2. 일이 잘못된 데에 사정이 있었겠지만 먼저 죄송하다고 사죄를 하는 게 도리다.

➡ ______________________________

3. 사랑에 나이 차이가 무슨 상관이랴마는 전혀 신경이 쓰이지 않는 건 아니다.

➡ ______________________________

009 | -고자

용법 用法 어떤 행위의 목적이나 말하는 사람의 의도 또는 희망을 나타낸다.
ある行為の目的や話者の意図または希望を表す。

활용 형태 活用形態

-고자 동사의 어간 뒤에 사용한다.
動詞の語幹の後ろにつけて使用する。

예 듣**고자**, 가**고자**

이고자 명사 뒤에 사용한다.
名詞の後ろにつけて使用する。

예 선생**이고자**, 부모**이고자**

예문 例文

❶ 부모님의 사랑에 보답하고자 합니다.
親の愛情に応えたいと思います。

❷ 우리는 사고 원인을 밝히고자 최선을 다했습니다.
我々は事故の原因を明らかにしようと最善を尽くしました。

❸ 학생들에게 좋은 교사이고자 노력해 왔습니다.
学生たちにとって良い教師であろうと努力してまいりました。

연습 練習 '-고자'를 사용하여 대화를 완성하십시오.
'-고자'を使って会話を完成させなさい。

1. 가 : 공청회를 개최하는 목적을 먼저 말씀해 주시겠습니까?

   나 : ______________________ 공청회를 개최했습니다.

2. 가 : 이번 행사의 취지는 무엇인지요?

   나 : ______________________ 자선 바자회를 마련했습니다.

3. 가 : 연구소에서 최근 집중 투자하고 있는 부문은 무엇인가요?

   나 : ______________________ 과감한 투자를 하고 있습니다.

010 | -기 그지없다

용법 用法

어떤 상태가 끝이나 한이 없다는 의미로, 감정이나 상태가 이루 말할 수 없을 정도임을 강조하는 표현이다. '-기 짝이 없다', '-기 한이 없다'와 유사한 의미로 쓰인다.
ある状態が果てしないという意味で感情や状態を全て言い尽くせない程度であることを強調する表現である。'-기 짝이 없다', '-기 한이 없다'と類似した意味で用いられる。

활용 형태 活用形態

-기 그지없다 형용사의 어간 뒤에 사용한다.
形容詞の語幹の後ろにつけて使用する。

예 평화롭**기 그지없다**, 기쁘**기 그지없다**

예문 例文

❶ 영화의 마지막 장면이 너무 상투적이어서 실망스럽기 그지없었다.
映画のラストシーンがあまりにも有り触れた内容だったので、とてもがっかりした。

❷ 아이들을 바라보는 스님의 얼굴은 선하기 그지없다.
子供たちを見つめるお坊さんの顔はとてもこの上なく穏やかだ。

❸ 아직도 뇌물을 요구하는 공무원이 있다니 한심하기 그지없군.
未だに賄賂を要求する公務員がいるなんて、情けないこと極まり無い。

연습 練習 '-기 그지없다'를 사용하여 같은 의미가 되도록 문장을 만드십시오.
'-기 그지없다'を使って同じ意味になるよう文を作りなさい。

1. 한 사람의 잘못으로 많은 사람이 손해를 입게 되니 너무 억울하군요.

➡ ______________________________

2. 한복을 곱게 차려 입은 신부의 모습은 무척 아름다웠다.

➡ ______________________________

3. 식구들이 모두 보는 앞에서 망신을 당하고 보니 분하기 짝이 없었다.

➡ ______________________________

011 | –기 나름이다

용법 用法 어떻게 하느냐에 따라 일이나 행위의 결과가 달라짐을 의미한다.
どのようにするかによって事や行為の結果が変わってくることを意味する。

활용 형태 活用形態

–기 나름이다 동사의 어간 뒤에 사용한다.
動詞の語幹の後ろにつけて使用する。

예 풀**기 나름이다**, 노력하**기 나름이다**

예문 例文

❶ 행복은 마음먹기 나름인 것 같아요.
幸せは自分の気持次第だと思います。

❷ 모든 일은 생각하기 나름입니다.
全ては自分の考え次第で変わります。

❸ 아이들의 습관은 부모가 교육하기 나름입니다.
子供たちの生活習慣は親のしつけ次第です。

참고 参考

'–기' 대신 명사가 오기도 한다.
'–기' の代わりに名詞がつく場合もある。

- 화를 내고 안 내고는 성격 나름입니다.
  怒る怒らないは性格にかかっています。
- 원고 분량은 쓰는 사람 나름이니까 자유롭게 쓰세요.
  原稿の枚数は書く人次第ですので、ご自由にお書きください。

연습 練習 '-기 나름이다'를 사용하여 대화를 완성하십시오.
'-기 나름이다'を使って会話を完成させなさい。

1. 가 : 이번 시험에 제가 합격할 수 있을까요?

   나 : ______________________. 성실하게 준비한다면 붙을 수 있을 거야.

2. 가 : 이 제품의 수명은 어느 정도인가요?

   나 : ______________________. 어떻게 사용하느냐에 따라 수명이 결정되는 거지요.

3. 가 : 종교가 있는 사람들은 매사에 감사해 하고 행복하게 살겠지요?

   나 : ______________________. 종교가 있다고 해서 늘 마음이 편한 것은 아닌 것 같아요.

012 | -기 십상이다

용법 用法 어떠한 상황이 되기 쉽다거나, 그런 경향 혹은 가능성이 크다는 의미를 나타낸다.
ある状況になりやすかったり､そうした傾向､或は可能性が大きいという意味を表す。

활용 형태 活用形態

-기 십상이다 동사의 어간 뒤에 사용한다.
動詞の語幹の後ろにつけて使用する。

예 오해받**기 십상이다**, 실수하**기 십상이다**

예문 例文

❶ 수업시간에 자꾸 딴 짓을 하다가는 선생님께 야단맞기 십상이다.
授業中にしょっちゅう他のことをしていると先生に叱られるよ。

❷ 눈이 많이 오는 날 그런 신발을 신고 다니다가는 미끄러지기 십상이다.
大雪の日にあんな靴を履くと滑りやすくなる。

❸ 밤을 새워 일을 하면 그 다음날 일을 망치기 십상이다.
徹夜で働くと､次の日の仕事まで響きがちだ。

연습 練習 '-기 십상이다'를 사용하여 같은 의미가 되도록 문장을 만드십시오.
'-기 십상이다'を使って同じ意味になるよう文を作りなさい。

1. 살을 뺀 후에도 계속 운동을 하지 않으면 다시 살이 찌기 쉬워요.

➡ ____________________

2. 혼자 막무가내로 일을 처리하다 보면 문제가 생길 가능성이 크다.

➡ ____________________

3. 부실하고 실현성이 없는 공약을 내놓았다가는 유권자들에게 외면당하기 쉽습니다.

➡ ____________________

013 | -기 일쑤이다

용법 用法

어떤 일이 매우 자주 일어남을 나타내는 표현으로, 자신의 의지와 관계없이 자연스럽게 그렇게 되는 일에 대해 쓴다.
あることがとても頻繁に起こることを表す表現で自分の意志と関係なく自然とそのようになることに対し用いる。

활용 형태 活用形態

-기 일쑤이다 동사의 어간 뒤에 사용한다.
動詞の語幹の後ろにつけて使用する。

예 야단맞**기 일쑤이다**, 지각하**기 일쑤이다**

예문 例文

❶ 직장인들은 연말이 되면 술에 파묻혀 살기 일쑤이다.
会社員は年末になると飲み会に連れ回されがちだ。

❷ 아침에는 늘 시간이 없어 빵이나 우유로 때우기 일쑤이다.
朝はいつも忙しくてパンやミルクだけで済ましがちだ。

❸ 옛날에는 전기사정이 안 좋아서 전기가 끊기기 일쑤였다.
昔は電力事情が悪く､停電になりがちだった。

참고 参考

긍정적인 내용의 동사와는 어울리지 않는다.
肯定的な意味合いを持つ動詞を前に持ってくることはできない。

- 열심히 노력하면 성공하기 일쑤이다. (×)
- 어릴 때부터 글짓기 대회에 나가면 상 받기 일쑤였다. (×)

연습 練習 '-기 일쑤이다'를 사용하여 같은 의미가 되도록 문장을 만드십시오.
'-기 일쑤이다'を使って同じ意味になるよう文を作りなさい。

1. 정신없이 일을 하다 보면 식사 때를 놓치는 경우가 많아요.

➡ ____________________

2. 회의 준비를 제대로 하지 않으면 지적당하는 일이 다반사이다.

➡ ____________________

3. 7형제 중에 막내였던 제 의견은 무시당하는 경우가 많았습니다.

➡ ____________________

꼭~ 알아두기

014 | -기 짝이 없다

용법 用法 더할 수 없을 만큼 대단하거나 그 정도가 매우 심함을 강조하는 표현이다. '-기 그지 없다', '-기 한이 없다'와 유사한 의미로 쓰인다.
申し分ないほど素晴らしかったり、その程度が非常にひどい事を強調する表現である。'-기 그지 없다','-기 한이 없다'と類似した意味で用いられる。

활용 형태 活用形態

-기 짝이 없다 형용사의 어간 뒤에 사용한다.
形容詞の語幹の後ろにつけて使用する。

예 부끄럽**기 짝이 없다**, 유치하**기 짝이 없다**

예문 例文

❶ 날마다 같은 일만 반복되는 나의 일상은 단조롭기 짝이 없다.
日々同じことだけを繰り返す私の日常は単調なことこの上ない。

❷ 시험이 코앞인데 놀기만 하니 한심하기 짝이 없네요.
テストの日が目前なのに遊んでばかりで、情けない事この上ないですね。

❸ 보잘 것 없는 작품을 좋게 평가해 주시니 기쁘기 짝이 없습니다.
つまらない作品を高く評価して頂き、光栄の至りです。

연습 練習 '-기 짝이 없다'를 사용하여 대화를 완성하십시오.
'-기 짝이 없다'を使って会話を完成させなさい。

1. 가 : 30년 가까이 일하시던 직장을 퇴직하시는데 심정이 어떠세요?
   나 : ____________________

2. 가 : 어제 특집 프로그램 보셨어요? 영양실조로 죽는 아이들이 아직도 많다네요.
   나 : 저도 봤어요. ____________________

3. 가 : 아드님이 남모르게 봉사활동을 꾸준히 하고 있다고 들었어요.
   나 : 저도 애가 철이 없는 줄만 알았는데 ____________________

015 | -기가 무섭게

용법 用法

어떤 일이 끝나자마자 곧바로 다음 일이 일어남을 과장하여 나타내는 표현이다. 조사 '가'는 생략할 수 있다. '-기가 바쁘게'와 유사한 의미로 쓰인다.
ある事が終わるや否やすぐに次の事が起こることを誇張して表す表現である。助詞'가'は省略できる。'-기가 바쁘게'と類似した意味で用いられる。

활용 형태 活用形態

-기가 무섭게 동사의 어간 뒤에 사용한다.
動詞の語幹の後ろにつけて使用する。

예 끊**기가 무섭게**, 일어나**기가 무섭게**

예문 例文

❶ 무슨 일이 있는지 수저를 놓기가 무섭게 나가버리네요.
何があったのか、箸を置くや否や出て行ってしまいましたね。

❷ 집에 돌아오기가 무섭게 냉장고 문부터 열어 본다.
帰宅するやいなや、冷蔵庫から開けてみる。

❸ 연사의 말이 끝나기가 무섭게 청중들은 환호성을 지르며 박수를 보냈다.
演説が終わるや否や聴衆はすかさず歓声をあげながら拍手を送った。

연습 練習 '-기가 무섭게'를 사용하여 두 문장을 한 문장으로 만드십시오.
'-기가 무섭게'を使って2つの文を1つの文にしなさい。

1. 출퇴근 시간에는 지하철 문이 열리다 / 사람들이 타고 내려요.

➡ ______________________________

2. 음반이 발매되다 / 날개 돋친 듯 팔리고 있다.

➡ ______________________________

3. 개각 예상 보도가 나오다 / 정가에는 누가 입각할지 소문이 돌기 시작했다.

➡ ______________________________

016 | –기로서니

용법 用法

앞 문장의 사실은 인정하지만 그것이 뒤 문장의 충분한 이유나 조건이 될 수 없음을 나타낸다. 뜻을 분명하게 하고 강조하기 위해서 앞 문장은 '아무리'와 같이, 뒤 문장은 반어적 의미의 의문문 형태로 많이 쓰인다. '–기로' 또는 '–기로서'의 형태로도 쓰인다.
前の事実は認めるが、それが後半部分の充分な理由や条件になり得ない事を表す。意味を明白にし強調するため前は'아무리'が、後半部分は反語的な意味の疑問文形態が多く用いられる。'–기로'又は'–기로서'の形態でも用いられる。

활용 형태 活用形態

–기로서니
동사나 형용사의 어간 뒤에 사용한다.
動詞や形容詞の語幹の後ろにつけて使用する。

예 듣지 않**기로서니**, 사랑하**기로서니**, 싫**기로서니**, 바쁘**기로서니**

이기로서니
명사 뒤에 사용한다.
名詞の後ろにつけて使用する。

예 급한 일**이기로서니**, 어린 아이**이기로서니**

–었기로서니/았기로서니/였기로서니
과거의 사실을 나타낼 때 동사나 형용사의 어간 뒤에 사용한다.
過去の事実を表すとき動詞や形容詞の語幹の後ろにつけて使用する。

예 먹**었기로서니**, 지루**했기로서니**

예문 例文

❶ 내가 백수로 지내기로서니 그렇게 무시하면 안 되지요.
私が無職だからって、そんな風に無視される筋合いはありません。

❷ 아무리 귀한 자식이기로서니 그렇게 버릇없이 키우면 안 되지요.
いくら大事な我が子だからといって、そんな礼儀知らずな子に育ててはいけません。

❸ 아무리 아이가 잘못했기로서니 그런 벌은 좀 심한 거 아니에요?
いくら子供が悪かったとしても、そこまでお仕置きするのは酷くありませんか。

연습 練習 '–기로서니'를 사용하여 대화를 완성하십시오.
'–기로서니'を使って会話を完成させなさい。

1. 가 : 초등학생이 게임을 할 돈이 없어서 엄마의 지갑에서 돈을 훔쳤대요.

   나 : ______________________________

2. 가 : 사사건건 트집을 잡는 김 부장 때문에 사표를 내야 될 것 같아요.

   나 : ______________________________

3. 가 : 학생 처벌에 불만을 품은 학부모가 교실까지 찾아와 행패를 부렸대요.

   나 : ______________________________

017 | -기에

용법 用法

앞 문장은 뒤 문장의 원인이나 이유를 나타내며, 의문사와 함께 어떤 사실의 원인이나 이유를 묻기도 한다. 다소 문어적인 표현이다.
前は後ろの原因や理由を表す。疑問詞と一緒に使ってある事実の原因や理由を尋ねたりもする。多少文語的な表現である。

활용 형태 活用形態

-기에
동사나 형용사의 어간 뒤에 사용한다.
動詞や形容詞の語幹の後ろにつけて使用する。

예 먹**기에**, 가**기에**, 덥**기에**, 복잡하**기에**

이기에
명사 뒤에 사용한다.
名詞の後ろにつけて使用する。

예 공사 중**이기에**, 어디**이기에**

-었기에/았기에/였기에
과거의 완료된 사실을 나타낼 때 동사의 어간 뒤에 사용한다.
過去の完了した事実を表すとき動詞の語幹の後ろにつけて使用する。

예 **왔기에**

예문 例文

❶ 발음이 이상하기에 어디에서 왔냐고 물어봤지요.
発音が変だったので、どこの人なのか尋ねてみました。

❷ 무슨 사연이기에 말도 안 하고 울기만 할까?
いったい何故、黙って泣いてばかりいるのだろうか。

❸ 그 일을 잘할 자신이 없었기에 선뜻 나설 수 없었다.
その仕事をうまくやる自信が無かったので、進んで前に出ることができなかった。

꼭~ 알아두기

참고 参考

뒤 문장에서 명령형이나 청유형의 문장을 사용할 수 없다.
後ろに命令形や請誘形の文を用いることはできない。

- 방 안이 답답하기에 창문을 여세요. (×)
  방 안이 답답하기에 창문을 엽시다. (×)

참고 参考

앞 문장에 나타난 원인이나 이유가 화자가 우연히 발견한 사실일 때 '–길래'가 주로 쓰이며, 이 때 뒤 문장은 말하는 사람이 주어가 되어야 한다.
前半部の原因や理由が話者が偶然発見した事実の場合、'–길래'が主に使われる。この際、後半部の主語は話者である。

- 아이가 손도 씻지 않고 과자를 먹길래 야단을 쳤다.
  子供が手を洗わずにお菓子を食べていたので叱った。
- 길에 사람들이 모여 있길래 궁금해서 가 보았어요.
  道に人の群れがいたので、何だろうと思って見に行きました。

연습 練習 '–기에'를 사용하여 두 문장을 한 문장으로 만드십시오.
'–기에'を使って2つの文を1つの文にしなさい。

1. 딸기가 싱싱하고 맛있어 보이다 / 한 상자 사 가지고 왔어요.

   ➡ ________________________________

2. 어디에서 놀았다 / 옷이 그렇게 엉망이 됐니?

   ➡ ________________________________

3. 모처럼 박물관 구경을 갔는데 정기휴관일이다 / 아쉽지만 발길을 돌려야 했다.

   ➡ ________________________________

018 | -기에 망정이지

용법 用法 당황스럽고 난처한 일이 생겼지만 다행스러운 상황 덕분에 큰 문제없이 그 상황에서 빠져 나왔음을 의미한다. 뒤 문장에서 '-을 뻔했다'와 함께 쓰는 경우가 많다.
困った事が起きたが幸運な状況に恵まれ大事に至らず、その状況から切り抜けたことを意味する。よく後ろで'-을 뻔했다.'と一緒に使われる。

활용 형태 活用形態

-기에 망정이지 동사나 형용사의 어간 뒤에 사용한다.
動詞や形容詞の語幹の後ろにつけて使用する。

예 켜 놓**기에 망정이지**, 관리하**기에 망정이지**, 밝**기에 망정이지**, 크**기에 망정이지**

이기에 망정이지 명사 뒤에 사용한다.
名詞の後ろにつけて使用する。

예 일요일**이기에 망정이지**, 부자**이기에 망정이지**

-었기에/았기에/였기에 망정이지
과거의 사실을 나타낼 때 동사나 형용사의 어간 뒤에 사용한다.
過去の事実を表すとき動詞や形容詞の語幹の後ろにつけて使用する。

예 입**었기에 망정이지**, 많**았기에 망정이지**

예문 例文

❶ 그 사람 성격이 좋기에 망정이지 큰 싸움이 될 뻔했어요.
あの人、人が良いから良かったものの、大喧嘩になるところでしたよ。

❷ 자식이 한 명이기에 망정이지 더 많았으면 대학도 못 보냈을 거예요.
子供が一人しか居ないから良かったものの、たくさん居たら大学に行かせることすら出来なかったでしょう。

❸ 회의가 취소됐기에 망정이지 사장님 앞에서 망신당할 뻔했어요.
会議がキャンセルになって事なきを得ましたが、社長の前で恥じをかかされるところでした。

참고 参考

말하는 사람이 현재의 사실이나 상태를 강조하면 '-기에 망정이지', 그 상황이 일어난 시점을 강조하면 '-었기에 망정이지'를 사용할 수 있다.
話者が現在の事実や状態を強調する場合は'-기에 망정이지'を、その状況が起こった時点を強調する場合は'-었기에 망정이지'を用いる事ができる。

- 서로 아는 사이기에 망정이지 큰 오해가 생길 뻔했어요. (○)
  서로 아는 사이였기에 망정이지 큰 오해가 생길 뻔했어요. (○)

연습 練習 '-기에 망정이지'를 사용하여 대화를 완성하십시오.
'-기에 망정이지'を使って会話を完成させなさい。

1. 가 : 갑자기 비가 내렸는데도 옷이 하나도 안 젖었네요?
   나 : ______________________________

2. 가 : 큰 부상이 아니어서 정말 다행입니다.
   나 : ______________________________

3. 가 : 부장님이 건강 검진에서 위암 판정을 받았는데 다행히 초기라는군요.
   나 : ______________________________

ㄴ

019 | -노라면

용법 用法

어떤 행위를 지속적으로 유지하다 보면 다른 어떤 상황을 맞게 된다는 의미로 예스러운 느낌을 준다. '-다가 보면'과 유사한 의미로 쓰인다.
ある行為を持続的に維持しているとある別の状況に行き着くという意味で、古風な表現である。'-다가 보면'と類似した意味として用いられる。

활용 형태 活用形態

-노라면 동사의 어간 뒤에 사용한다.
動詞の語幹の後ろにつけて使用する。

예 찾**노라면**, 가**노라면**

예문 例文

❶ 그 노래를 듣고 있노라면 마음이 편안해진다.
その歌を聞いていると、心が安らかになる。

❷ 사노라면 언젠가는 좋은 날이 오겠지요.
生きていればいつか良いことあるでしょう。

❸ 꾸준히 운동하노라면 건강이 회복될 거예요.
地道に運動すれば健康を取り戻すことが出来るでしょう。

연습 練習 '-노라면'을 사용하여 대화를 완성하십시오.
'-노라면'を使って会話を完成させなさい。

1. 가 : 현실이 너무 암담해서 미래는 꿈조차 꿀 수 없어요.
   나 : ____________________

2. 가 : 한 번 읽어 봤는데 너무 난해해서 저자의 의도를 알 수가 없네요.
   나 : ____________________

3. 가 : 걷기 운동을 꾸준히 하시는데 어떤 점이 좋으신가요?
   나 : ____________________

020 | -느냐 -느냐

용법 用法 주로 대조적인 내용을 열거하여 말하고자 하는 내용을 강조할 때 쓴다.
主に対照的な内容を列挙し、述べようとする内容を強調するときに用いる。

활용 형태 活用形態

-느냐 -느냐 동사나 '있다', '없다'의 어간 뒤에 사용한다.
動詞や '있다', '없다'の語幹の後ろにつけて使用する。

예 죽**느냐** 사**느냐**, 찬성하**느냐** 마**느냐**, 있**느냐** 없**느냐**

-으냐 -으냐 자음으로 끝나는 형용사의 어간 뒤에 사용한다.
子音で終わる形容詞の語幹の後ろにつけて使用する。

예 넓**으냐** 좁**으냐**

-냐 -냐 모음으로 끝나는 형용사의 어간 뒤에 사용한다.
母音で終わる形容詞の語幹の後ろにつけて使用する。

예 예쁘**냐** 안 예쁘**냐**

이냐 이냐 명사 뒤에 사용한다.
名詞の後ろにつけて使用する。

예 학생**이냐** 선생**이냐**, 남자**이냐** 여자**이냐**

-었느냐/았느냐/였느냐 -었느냐/았느냐/였느냐
과거의 사실을 나타낼 때 동사나 형용사의 어간 뒤에 사용한다.
過去の事実を表すとき動詞や形容詞の語幹の後ろにつけて使用する。

예 붙**었느냐** 떨어**졌느냐**, 길**었느냐** 짧**았느냐**

예문 例文

❶ 가느냐 마느냐, 이게 내 고민이야!
行くか、行かないか、これが私の悩みさ。

❷ 좋으냐 싫으냐가 아니라 옳으냐 그르냐를 생각해 봐야 합니다.
良い悪いではなくて、正しいかそうでないかを考えてみるべきです。

❸ 선물의 가치란 그 가격이 싸냐 비싸냐에 있지 않지요.
プレゼントの価値というのは、値段が高いか安いかにあるわけではありません。

❹ 좋은 내용이냐 나쁜 내용이냐를 말하는 게 아니라 형식의 문제를 지적하는 것이다.
内容の良し悪しを言っているのではなく、形式の問題を指摘しているのだ。

❺ 이겼느냐 졌느냐를 따지는 것은 올림픽의 정신에 맞지 않습니다.
勝敗にこだわるのはオリンピック精神に合いません。

연습 練習 '-느냐 -느냐'를 사용하여 대화를 완성하십시오.
'-느냐 -느냐'を使って会話を完成させなさい。

1. 가 : 요즘 젊은 사람들은 돈이 행복의 첫 번째 조건이라고 생각하나 봐요.

   나 : 그러게요. ______________________

2. 가 : 그동안 훈련을 열심히 했는데 이번 시합에서 우승을 못 하면 어떡하지요?

   나 : 괜찮아요. ______________________

3. 가 : 한국 TV 드라마에서는 결혼 문제로 인한 부모님과의 갈등을 많이 다루던데요.

   나 : 네, ______________________

021 | -느니

용법 用法

앞 문장의 상황이나 행위보다는 뒤 문장의 상황이나 행위가 차라리 나음을 의미한다. 뒤의 상황, 행위도 썩 만족스럽지는 않은 경우이므로 뒤 문장에서 '차라리'나 '아예' 등과 함께 쓰는 경우가 많다.
前半部分の状況や行為よりは後半部分の状況や行為がむしろ良いことを意味する。後半部分の状況や行為も完全に満足できるほどではないため後半部分では'차라리'や'아예'等と共に用いる場合が多い。

활용 형태 活用形態

-느니 동사나 '있다'의 어간 뒤에 사용한다.
動詞や'있다'の語幹の後ろにつけて使用する。

예 죽**느니**, 반대하**느니**, 있**느니**

예문 例文

❶ 남이 먹다 남긴 음식을 먹느니 차라리 굶겠다.
人の食べ残しを食べるよりは、いっそのこと飢えた方がましだ。

❷ 모르면서 아는 척 하느니 부끄럽겠지만 아예 모른다고 솔직히 말해라.
知らないくせに知っているふりをするより、恥じを忍んで正直に全く知らないと言いなさい。

❸ 평생 감옥에 갇혀 있느니 죽는 게 나을 거라고 생각할 수도 있지요.
一生牢獄に閉じ込められるより、死んだ方がましだと考えることもあるでしょう。

연습 練習 맞는 문장을 고르십시오.
正しい文を選びなさい。

1. 혼자서 불안해하느니 계속 비밀을 유지하도록 하세요. (　　)
   혼자서 불안해하느니 모든 걸 털어 놓고 처벌을 받으세요. (　　)
2. 돈을 주고 청탁을 하느니 사업을 접는 쪽을 택할 겁니다. (　　)
   돈을 주고 청탁을 하느니 꼭 제 힘으로 재기하겠습니다. (　　)
3. 일찍 일어나 아침을 먹느니 좀 더 자는 쪽이 낫지요? (　　)
   일찍 일어나 아침을 먹느니 좀 더 자면 안 되지요? (　　)

022 | -느니만 못하다

용법 用法

앞에서 말하는 상황이나 행위보다는 차라리 뒤에서 말하는 상황이나 행위가 더 나음을 강조하는 표현이다.
最初に述べる状況や行為よりは、むしろ後に述べる状況や行為が良いことを強調する表現である。

활용 형태 活用形態

-느니만 못하다 동사나 '있다', '없다'의 어간 뒤에 사용한다.
動詞や'있다', '없다'の語幹の後ろにつけて使用する。

예 잡**느니만 못하다**, 가**느니만 못하다**, 있**느니만 못하다**

예문 例文

❶ 저렇게 고통스럽게 사는 것은 죽느니만 못한 것 같다.
あんなに苦しく生きるくらいなら、死んだほうがましだと思う。

❷ 당신이 아닌 다른 남자와 결혼하는 것은 평생 혼자 사느니만 못해요.
あなた以外の男の人と結婚するくらいなら、一生独身を通した方がましです。

❸ 이렇게 유명무실한 법이라면 없느니만 못한 거 아닌가요?
こんなに有名無実な法律なら、ないほうがましなのではないですか。

연습 練習 '-느니만 못하다'를 사용하여 문장을 완성하십시오.
'-느니만 못하다'を使って文を完成させなさい。

1. 진심이 담기지 않은 선물이라면 ____________________

2. 생존 가능성이 낮은 수술이라면 ____________________

3. 잘못된 방법의 양치질은 ____________________

꼭~ 알아두기

023 | -느니만큼

용법 用法 앞 문장에서 나타내는 사실을 인정하면서 그것이 뒤 문장의 원인이나 근거가 됨을 의미한다. 의미 차이 없이 '-느니만치'로 바꿔 쓸 수 있다.
前半部分で表す事実を認めながら、それが後半部分の原因や根拠になる事を意味する。全く同じ意味で'-느니만치'に置き換えることができる。

활용 형태 活用形態

-느니만큼 동사나 '있다', '없다'의 어간 뒤에 사용한다.
動詞や'있다'、'없다'の語幹の後ろにつけて使用する。

예 찾**느니만큼**, 반대하**느니만큼**, 있**느니만큼**

-으니만큼 자음으로 끝나는 형용사의 어간 뒤에 사용한다.
子音で終わる形容詞の語幹の後ろにつけて使用する。

예 많**으니만큼**

-니만큼 모음으로 끝나는 형용사의 어간 뒤에 사용한다.
母音で終わる形容詞の語幹の後ろにつけて使用する。

예 예쁘**니만큼**

이니만큼 명사 뒤에 사용한다.
名詞の後ろにつけて使用する。

예 진품**이니만큼**, 가짜**이니만큼**

-었으니만큼/았으니만큼/였으니만큼
과거의 사실을 나타낼 때 동사나 형용사의 어간 뒤에 사용한다.
過去の事実を表すとき動詞や形容詞の語幹の後ろにつけて使用する。

예 만들**었으니만큼**, 귀**했으니만큼**

예문 例文

❶ 고객들의 문의가 빗발치느니만큼 신속한 대응이 필요하다.
お客さんからの問い合わせが殺到しているから、迅速な対応が必要である。

❷ 계곡의 수심이 깊으니만큼 피서객들은 각별히 주의하셔야 합니다.
谷の水深が深いから夏の観光客は格別に注意しなければなりません。

❸ 주주들의 우려가 크니만큼 신중한 결정이 요구됩니다.
株主たちの不安が大きいだけに、慎重な判断が求められます。

❹ 확실한 증거이니만큼 더 이상 반론을 제기하지 못할 것이다.
確かな証拠であるから、これ以上は反論できないだろう。

⑤ 탁월한 성적으로 뽑혔으니만큼 기대를 한 몸에 받고 있는 인재입니다.
飛び抜けた成績で選ばれただけに、みんなから期待されている人材です。

연습 練習 '-느니만큼'을 사용하여 문장을 완성하십시오.
'-느니만큼'を使って文を完成させなさい。

1. ______________________________ 각오를 단단히 해야 합니다.
2. ______________________ 폐기물 처리에 대한 엄격한 법적용이 절실하다.
3. ______________________ 완벽한 복원과 보존이 절실하게 요구됩니다.

024 | -는 가운데

용법 用法 어떤 행위나 사건을 둘러싸고 있는 상태나 상황이 지속됨을 나타낸다.
ある行為や出来事を取り巻く状態や状況が持続することを表す。

활용 형태 活用形態

-는 가운데 동사나 '있다', '없다' 의 어간 뒤에 사용한다.
動詞や'있다', '없다'の語幹の後ろにつけて使用する。

예 겪**는 가운데**, 뛰**는 가운데**, 없**는 가운데**

-은 가운데 자음으로 끝나는 형용사의 어간 뒤에 사용한다.
子音で終わる形容詞の語幹の後ろにつけて使用する。

예 깊**은 가운데**

-ㄴ 가운데 모음으로 끝나는 형용사의 어간 뒤에 사용한다.
母音で終わる形容詞の語幹の後ろにつけて使用する。

예 화창**한 가운데**

-은/ㄴ 가운데 과거의 완료된 사실을 나타낼 때 동사의 어간 뒤에 사용한다.
過去の完了した事実を表すとき動詞の語幹の後ろにつけて使用する。

예 잡**은 가운데**, 참석**한 가운데**

예문 例文

❶ 많은 하객들이 지켜보는 가운데 드디어 결혼식이 시작되었다.
たくさんの客が見守る中､いよいよ結婚式が始まった。

❷ 전국이 대체로 맑은 가운데 불볕더위가 계속 이어지겠습니다.
全国がおおむね晴れている中､猛暑が続く見通しです。

❸ 바쁘신 가운데 출판 기념회에 참석해 주셔서 감사합니다.
ご多忙の中､出版記念会にご出席いただきましてありがとうございます。

❹ 주요 언론사 기자들이 모인 가운데 기자 회견이 시작되었습니다.
主要誌の記者団が集まっている中､記者会見が始まりました。

연습 練習

'-는 가운데'를 사용하여 두 문장을 한 문장으로 만드십시오.
'-는 가운데'を使って２つの文を１つの文にしなさい。

1. 웃고 즐기다 / 어느새 마칠 시간이 다 되었네요.

➡ ______________________________

2. 우리들은 무슨 일인지도 모르고 어리둥절하다 / 교무실로 불려갔다.

➡ ______________________________

3. 경찰병력이 투입되다 / 집회가 연일 이어지고 있다.

➡ ______________________________

025 | -는 건 차치하고

용법 用法 어떤 일을 뒤로 미루거나 내버려두고 문제 삼지 않는다는 표현이다. '-는 건 차치하더라도, -는 건 차치해 두고'의 형태로도 쓰인다.
ある事を後回しにしたり放置したりしても問題視しないことを表す。'-는 건 차치하더라도, -는 건 차치해 두고'の形態でも用いる。

활용 형태 活用形態

-는 건 차치하고 동사나 '있다', '없다'의 어간 뒤에 사용한다.
動詞や'있다'、'없다'の語幹の後ろにつけて使用する。

예 먹**는 건 차치하고**, 공부하**는 건 차치하고**

-은 건 차치하고 자음으로 끝나는 형용사의 어간 뒤에 사용한다.
子音で終わる形容詞の語幹の後ろにつけて使用する。

예 좋**은 건 차치하고**

-ㄴ 건 차치하고 모음으로 끝나는 형용사의 어간 뒤에 사용한다.
母音で終わる形容詞の語幹の後ろにつけて使用する。

예 나**쁜 건 차치하고**

-은/ㄴ 건 차치하고
과거의 완료된 사실을 나타낼 때 동사의 어간 뒤에 사용한다.
過去の完了した事実を表すとき動詞の語幹の後ろにつけて使用する。

예 쏟**은 건 차치하고**, 도와 **준 건 차치하고**

예문 例文

❶ 업무 수행 능력이 뒤떨어지는 건 차치하고 사무실 분위기도 파악하지 못해요.
業務遂行能力が低いのはさておき、オフィス内の雰囲気も読めていません。

❷ 문장의 수준이 낮은 건 차치하고 맞춤법도 맞지 않는 글이더라.
文章のレベルの低いのはさておき、綴りまで間違っている文章だった。

❸ 손이 얼음같이 찬 건 차치하고 새파래진 얼굴이 얼마나 떨었는지 보기 딱했다.
手が氷のように冷たいのはさておき、真っ青になった顔色が想像を絶する寒さを物語り見るに耐えられなかった。

❹ 소 값이 떨어진 건 차치하고 폭등한 사료 가격 부담으로 더 이상 소를 기를 수 없는 형편이다.
牛の値段が下がったのはさておき、高騰した飼料価格の負担でこれ以上牛を飼うことが出来ない状況だ。

참고 参考

명사에 붙어 '은 차치하고'의 형태로도 쓸 수 있다.
名詞につき'은 차치하고'の形態にも用いることができる。

- 승진은 차치하고 이 자리라도 지킬 수 있으면 다행이라고 생각합니다.
  昇進はともかく、このポストでも守れるなら幸いだと思います。
- 비용 문제는 차치하더라도 자격이 있는 사람을 구할 수가 없는 게 문제야.
  費用の問題はさておいても資格がある人を見つけられないことが問題だ。

연습 練習 '-는 건 차치하고'를 사용하여 두 문장을 한 문장으로 만드십시오.
'-는 건 차치하고'を使って2つの文を1つの文にしなさい。

1. 음식 값을 내다 / 잘 먹었다는 인사도 하지 않더군요.

   ➡ ______________________________

2. 전후사정을 묻다 / 소리부터 지르는 바람에 설명할 겨를이 없었다.

   ➡ ______________________________

3. 병문안을 오다 / 한마디 위로의 전화도 없는 건 정말 서운하다.

   ➡ ______________________________

026 | -는 까닭에

용법 用法 어떤 일이 있게 된 사정이나 이유를 나타낸다.
ある事になった事情や理由を表す。

활용 형태 活用形態

-는 까닭에 동사의 어간 뒤에 사용한다.
動詞の語幹の後ろにつけて使用する。

예 듣**는 까닭에**, 기다리**는 까닭에**

-은 까닭에 자음으로 끝나는 형용사의 어간 뒤에 사용한다.
子音で終わる形容詞の語幹の後ろにつけて使用する。

예 깊**은 까닭에**

-ㄴ 까닭에 모음으로 끝나는 형용사의 어간 뒤에 사용한다.
母音で終わる形容詞の語幹の後ろにつけて使用する。

예 귀**한 까닭에**

인 까닭에 명사 뒤에 사용한다.
名詞の後ろにつけて使用する。

예 시인**인 까닭에**, 작가**인 까닭에**

-은/ㄴ 까닭에 과거의 완료된 사실을 나타낼 때 동사의 어간 뒤에 사용한다.
過去の完了した事実を表すとき動詞の語幹の後ろにつけて使用する。

예 죽**은 까닭에**, 살**린 까닭에**

예문 例文

❶ 고향은 언제나 포근하게 느껴지는 까닭에 다들 그리워합니다.
故郷にはいつでも安らぎを感じるので、みんな懐かしがります。

❷ 좋은 교육 환경으로 인기가 높은 까닭에 이 동네 집값이 비싸요.
良い教育環境で人気があるので、この町は家が高いです。

❸ 고등어처럼 영양이 풍부한 생선도 비린 까닭에 싫어하는 사람들이 있다.
鯖のように栄養豊富な魚でも、その生臭さ故に嫌う人がいる。

❹ 촉망받는 과학자인 까닭에 그의 죽음을 안타까워했습니다.
将来を嘱望される科学者だったので、彼の死が惜しまれました。

❺ 이곳에서 사고가 많이 발생한 까닭에 경고성 안내판이 설치되었다.
ここで事故がたくさん発生したので、注意を促す看板が設置された。

연습 練習 '-는 까닭에'를 사용하여 같은 의미가 되도록 문장을 만드십시오.
'-는 까닭에'を使って同じ意味になるよう文を作りなさい。

1. 예상치 못한 상황이 발생했기 때문에 사람들이 우왕좌왕하게 됐어요.

➡ ______________________________

2. 제주도는 화산섬이므로 대부분의 해안은 암석으로 이루어져 있다.

➡ ______________________________

3. 유권자의 한 표 한 표가 소중하기 때문에 투표권 행사를 독려해야 합니다.

➡ ______________________________

027 | -는 날에는

용법 用法

앞 문장에서는 극단적이거나 바람직하지 못한 상황을 가정하고 그에 따른 경고의 내용이나 우려하는 결과가 뒤 문장의 내용으로 온다. '-는 날엔'으로 줄여 쓸 수 있다.
前半部分では極端であったり好ましくない状況を仮定し、それによる警告や憂慮する結果が後半部分の内容として来る。'-는 날엔'に縮めて用いる事もできる。

활용 형태 活用形態

-는 날에는 동사나 '있다', '없다'의 어간 뒤에 사용한다.
動詞や'있다', '없다'の語幹の後ろにつけて使用する。

예 찾**는 날에는**, 잡히**는 날에는**, 있**는 날에는**

예문 例文

❶ 이 계약이 깨지는 날에는 막대한 손해를 보게 될 겁니다.
この契約が破棄されたら、莫大な損害を被ることになるでしょう。

❷ 혹시라도 회사가 도산하는 날엔 앞으로의 미래가 막막해지겠지요.
もし会社が倒産したら、お先真っ暗になるでしょう。

❸ 거짓말한 게 들통 나는 날에는 쫓겨나고 말거야.
嘘がばれたら、追い出されてしまうだろう。

연습 練習 '-는 날에는'을 사용하여 문장을 완성하십시오.
'-는 날에는'を使って文を完成させなさい。

1. ______________________ 모든 것이 헛일이니까 좀 쉬어가면서 해.

2. ______________________ 학교를 그만둬야 할 거야.

3. ______________________ 어디까지 불똥이 튈지 알 수 없다.

꼭~ 알아두기

028 | -는 데

용법 用法

'-는 것', '-는 때', '-는 경우', '-는 상황'을 의미한다. 조사 '에'와 같이 사용하나 생략할 수 있다.
'-는 것', '-는 때', '-는 경우', '-는 상황'を意味する。助詞'에'と一緒に使用したり省略したりできる。

활용 형태 活用形態

-는 데 동사의 어간 뒤에 사용한다.
動詞の語幹の後ろにつけて使用する。

예 쫓**는 데**, 빼**는 데**

예문 例文

❶ 어색한 분위기를 살리는 데에는 노래가 최고예요.
気まずい雰囲気を盛り上げるには歌が一番です。

❷ 금연침을 맞았는데 담배를 끊는 데 별로 효과가 없었어요.
針治療も禁煙にはあまり効果がありませんでした。

❸ 취직을 하는 데 필수적인 조건은 역시 외국어 실력인 것 같습니다.
就職するにあたって必須の条件は、やはり外国語能力だと思います。

참고 参考

형용사나 과거의 사실을 나타낼 때는 '-은 데'와 결합하며 주로 '장소, 곳'의 의미로 사용된다.
形容詞や過去の事実を表すときは'-은 데'と結合し主に'장소, 곳'の意味として用いられる。

- 벌레에 물려서 가려운 데 바르는 약이에요.
  虫にさされ痒いところに塗る薬です。
- 지난번에 부장님이 맛있다고 추천해주신 데가 어디지?
  前に部長がおいしいと奨めてくれたところはどこだったかな。

연습 練習

'-는 데'를 사용하여 두 문장을 한 문장으로 만드십시오.
'-는 데'を使って2つの文を1つの文にしなさい。

1. 동호회 활동은 인간관계를 넓히다 / 많은 도움이 될 거예요.

➡ ______________________________

2. 일상생활이 가능한 수준의 외국어 실력을 갖추다 / 최소한 1년 정도는 필요하다고 봅니다.

➡ ______________________________

3. 머리 아프다 / 먹는 약도 처방전이 필요한가요?

➡ ______________________________

029 | -는 둥 마는 둥

용법 用法

무슨 일을 하는 듯도 하고 하지 않는 듯도 함을 나타낸다. 뒤에 '하다'를 붙여 사용하는 경우가 많다.

何かをしているようでもあり、してなさそうでもあることを表す。後半部分に'하다'をつけ使用する場合が多い。

활용 형태 活用形態

-는 둥 마는 둥 동사의 어간 뒤에 사용한다.
動詞の語幹の後ろにつけて使用する。

예 읽**는 둥 마는 둥**, 자**는 둥 마는 둥**

예문 例文

❶ 관심이 없는지 내 얘기는 듣는 둥 마는 둥 자기 일만 하고 있네요.
興味がないのか、私の話はそこそこに聞きながら自分のことばかりやってますね。

❷ 버스가 떠난다는 안내 방송에 밥을 먹는 둥 마는 둥 하고 올라탔다.
バスの出発を知らせるアナウンスで、食事もそこそこに乗り込んだ。

❸ 서둘러 나오느라고 어머니께 인사도 하는 둥 마는 둥 했어요.
慌てて出かけたせいで、母親への挨拶もそこそこにしました。

연습 練習 '-는 둥 마는 둥'을 사용하여 대화를 완성하십시오.
'-는 둥 마는 둥'を使って会話を完成させなさい。

1. 가 : 피곤해 보이네요. 눈도 충혈되고.
   나 : ______________________ 그런가 봐요.

2. 가 : 맞벌이를 하니까 남편이 집안일을 많이 도와주지 않아요?
   나 : 웬걸요. ______________________

3. 가 : 유리창을 닦았다더니 이 얼룩들은 뭐야?
   나 : ______________________

030 | -는 듯싶다

용법 用法 주관적인 추측을 나타내어 '-는 것처럼 생각되다', '-는 것 같다'의 뜻으로 쓰인다.
主観的な推測を表し'-는 것처럼 생각되다', '-는 것 같다'の意味で用いられる。

활용 형태 活用形態

-는 듯싶다 동사나 '있다', '없다'의 어간 뒤에 사용한다.
動詞や'있다', '없다'の語幹の後ろにつけて使用する。

예 참**는 듯싶다**, 오**는 듯싶다**, 있**는 듯싶다**

-은 듯싶다 자음으로 끝나는 형용사의 어간 뒤에 사용한다.
子音で終わる形容詞の語幹の後ろにつけて使用する。

예 밝**은 듯싶다**

-ㄴ 듯싶다 모음으로 끝나는 형용사의 어간 뒤에 사용한다.
母音で終わる形容詞の語幹の後ろにつけて使用する。

예 흐**린 듯싶다**

인 듯싶다 명사 뒤에 사용한다.
名詞の後ろにつけて使用する。

예 애인**인 듯싶다**, 아이**인 듯싶다**

-은/ㄴ 듯싶다 과거의 완료된 사실을 나타낼 때 동사의 어간 뒤에 사용한다.
過去の完了した事実を表すとき動詞の語幹の後ろにつけて使用する。

예 믿**은 듯싶다**, 배**운 듯싶다**

-을/ㄹ 듯싶다 추측을 나타낼 때 동사나 형용사의 어간 뒤에 사용한다.
推測を表すとき動詞や形容詞の語幹の後ろにつけて使用する。

예 잡**을 듯싶다**, 미안**할 듯싶다**

예문 例文

❶ 우승을 차지하는 듯싶었으나 역전되고 말았어요.
優勝間違いないと思っていましたが逆転されてしまいました。

❷ 여러 명이 같이 지내기에는 다소 좁은 듯싶네요.
大勢で一緒に過ごすには少し狭そうです。

❸ 이 책은 한국을 처음 여행하는 이들에게 유익한 책인 듯싶다.
この本は初めて韓国旅行をする人に役立ちそう。

❹ 선생님 표정을 보니 제가 실수를 한 듯싶었어요.
先生の表情から推測するに私がミスをしたようでした。

❺ 평일이라 결혼식에 하객이 많지 않을 듯싶어 친구들에게 꼭 오라고 했다.
平日だから結婚式に訪れる客が少ないと思って、友だちに必ず来いと言いつけた。

참고 参考

과거의 사실을 나타낼 때 형용사의 어간은 '-었던 듯싶다'의 형태로 쓰인다.
過去の事実を表すとき形容詞の語幹は'-었던 듯싶다'の形態で用いられる。

- 사진을 보니까 그 여자도 옛날에는 꽤 예뻤던 듯싶다.
  その女性の写真を見るにその女性も昔はかなりきれいだったようだ。
- 마음이 많이 아팠던 듯싶은데 내색을 안 하는 동생이 안쓰러웠다.
  とても心を痛めただろうに、それをおくびにも出さない妹(弟)が不憫だった。

연습 練習 '-는 듯싶다'를 사용하여 같은 의미가 되도록 문장을 만드십시오.
'-는 듯싶다'を使って同じ意味になるよう文を作りなさい。

1. 너무 튀는 것 같아서 점잖은 색의 옷으로 갈아입었어요.

   ➡ ______________________________

2. 표정을 보니 그 이야기를 이미 들은 것 같아서 아무 말도 하지 않았다.

   ➡ ______________________________

3. 오랜 시간이 지난 사건이고 연관된 이들이 사망한 경우가 많아 진실 규명이 어렵겠습니다.

   ➡ ______________________________

031 | -는 듯이

용법 用法 어떤 상황과 비교하여 비슷한 상황이라고 짐작하거나 추측함을 나타낸다. 조사 '이'는 생략할 수 있다.
ある状況と比較し､似た状況だと推測することを表す｡助詞'이'は省略できる。

활용 형태 活用形態

-는 듯이
동사나 '있다', '없다'의 어간 뒤에 사용한다.
動詞や'있다', '없다'の語幹の後ろにつけて使用する。

예 찾**는 듯이**, 내리**는 듯이**, 있**는 듯이**

-은 듯이
자음으로 끝나는 형용사의 어간 뒤에 사용한다.
子音で終わる形容詞の語幹の後ろにつけて使用する。

예 귀찮**은 듯이**

-ㄴ 듯이
모음으로 끝나는 형용사의 어간 뒤에 사용한다.
母音で終わる形容詞の語幹の後ろにつけて使用する。

예 바**쁜 듯이**

인 듯이
명사 뒤에 사용한다.
名詞の後ろにつけて使用する。

예 애인**인 듯이**, 부자**인 듯이**

-은/ㄴ 듯이
과거의 사실을 나타낼 때 동사의 어간 뒤에 사용한다.
過去の事実を表すとき動詞の語幹の後ろにつけて使用する。

예 낳**은 듯이**, 화가 **난 듯이**

-을/ㄹ 듯이
추측을 나타낼 때 동사의 어간 뒤에 사용한다.
推測を表すとき動詞の語幹の後ろにつけて使用する。

예 잡**을 듯이**, 나**갈 듯이**

예문 例文

❶ 뭔가를 생각하는 듯이 창문 밖만 쳐다보고 있다.
何かを考えているかのように、窓の外ばかり見つめている。

❷ 괴로운 듯이 얼굴을 찡그리며 말을 멈추었습니다.
苦しそうに顔をしかめて言い淀みました。

❸ 자기 이야기인 듯 세세하게 기억하고 있더라고요.
まるで自分の話のように、細かく覚えていましたね。

❹ 갑자기 주위가 쥐 죽은 듯이 조용해졌다.
突然、辺りがしんと静まり返った。

❺ 이제 문제가 해결되어서 마음이 날아갈 듯 가볍습니다.
もう問題が解決して、とても気楽になりました。

참고 参考

'-는다는 듯이' : 직접 말하지는 않지만 마치 그렇게 말하는 것처럼 뒤 문장의 행동을 한다는 의미이다.
'-는다는 듯이' : 直接述べてはいないが、あたかもそのように言っているかのように後半部分の行動をするという意味である。

- 이해할 수 없다는 듯이 고개를 저었다.
  理解できないかのように首を振った。
- 무슨 일이 있었냐는 듯이 눈을 동그랗게 뜨고 쳐다보네요.
  何ごともなかったのように目を丸く見開いて見つめてますね。
- 다들 들으라는 듯이 큰 소리로 자랑을 늘어놓았다.
  みんなに聞こえよがしに大きな声で自慢しまくった。
- 화해하자는 듯이 손을 내밀더군요.
  仲直りしようと言うかの如く手を差し出していました。

연습 練習

'-는 듯이'를 사용하여 두 문장을 한 문장으로 만드십시오.
'-는 듯이'を使って2つの文を1つの文にしなさい。

1. 빨간 물감을 부어 놓았다 / 산 전체가 단풍으로 물들어 있었다.

   ➡ ______________________________

2. 자기가 주인이다 / 허락도 없이 냉장고에서 음식을 꺼내 먹어요.

   ➡ ______________________________

3. 연설 내용이 지루하다 / 하품을 하더니 졸기 시작했다.

   ➡ ______________________________

032 | -는 마당에

용법 用法 어떤 일이 이루어진 판이나 상황, 형편을 나타내는데, 좋지 않은 앞 문장의 상황에서 뒤 문장의 상황이나 행위가 바람직하지 않음을 의미한다.
あることが行われる場面や状況または形勢を表すが、前半部分の状況が良くないせいで後半部分の状況や行為が好ましくないことを意味する。

활용 형태 活用形態

-는 마당에 동사나 '있다', '없다'의 어간 뒤에 사용한다.
動詞や'있다'、'없다'の語幹の後ろにつけて使用する。

예 죽**는 마당에**, 헤어지**는 마당에**, 없**는 마당에**

-은 마당에 자음으로 끝나는 형용사의 어간 뒤에 사용한다.
子音で終わる形容詞の語幹の後ろにつけて使用する。

예 싫**은 마당에**

-ㄴ 마당에 모음으로 끝나는 형용사의 어간 뒤에 사용한다.
母音で終わる形容詞の語幹の後ろにつけて使用する。

예 바**쁜 마당에**

-은/ㄴ 마당에 과거의 완료된 사실을 나타낼 때 동사의 어간 뒤에 사용한다.
過去の完了した事実を表すとき動詞の語幹の後ろにつけて使用する。

예 굶**은 마당에**, 실패**한 마당에**

예문 例文

❶ 선거를 눈앞에 두고 있는 마당에 그런 사건이 터져 큰일이네요.
選挙を目前に控えている状況であのような事件が起きて大変ですね。

❷ 준비기간도 짧은 마당에 또 까다로운 주문을 하시다니요.
準備期間すら短い状態で、またやっかいな注文をなさるなんて。

❸ 일분일초가 급한 마당에 회의만 하고 있으니 답답할 뿐이다.
一分一秒を争っている状況で会議ばかりやっているから、ただただもどかしい。

❹ 자식이 죽은 마당에 밥이 입에 넘어가겠습니까?
子供が死んだのに、食事が喉を通りますか。

연습 練習 **'-는 마당에'를 사용하여 문장을 완성하십시오.**
'-는 마당에'を使って文を完成させなさい。

1. ________________________ 다른 사람 병간호를 하고 있다니요.

2. ________________________ 이렇게 아까운 음식을 버려서야 되겠습니까?

3. ________________________ 더 이상의 협상은 의미가 없을 것 같다.

033 | -는 바

용법 用法 앞에서 말한 내용 그 자체나 일, 사실 따위를 나타낸다. '-는 바가 있다/없다', '-는 바에 따르면', '-는 바와 같이'의 형태로 주로 쓰인다.
前半部分で述べた内容自体や事柄、事実等を表す。主に'-는 바가 있다/없다'、'-는 바에 따르면'、'-는 바와 같이'の形態で用いられる。

활용 형태 活用形態

-는 바
동사나 '있다', '없다'의 어간 뒤에 사용한다.
動詞や'있다'、'없다'の語幹の後ろにつけて使用する。

예 믿**는 바**, 들리**는 바**, 있**는 바**

인 바
명사 뒤에 사용한다.
名詞の後ろにつけて使用する。

예 결정**인 바**, 이유**인 바**

-은/ㄴ 바
과거의 완료된 사실을 나타낼 때 동사의 어간 뒤에 사용한다.
過去の完了した事実を表すとき動詞の語幹の後ろにつけて使用する。

예 겪**은 바**, 조사**한 바**

예문 例文

❶ 그 사람에 대해서는 전혀 아는 바가 없습니다.
あの人については、全く知っているところがありません。

❷ 목격자의 주장이 사실인 바, 경찰은 수사에 박차를 가하고 있다.
目撃者の主張が事実であり、警察は捜査に拍車をかけている。

❸ 신문에 보도된 바와 같이 두 배우는 이미 혼인 신고를 마친 상태였다.
新聞に報道されたとおり、2人の俳優は既に入籍を済ました状態であった。

참고 参考

'-는 바이다'의 형태는 자신의 주장을 강조함을 나타낸다.
'-는 바이다'の形態は自身の主張を強調することを表す。

- 사태 수습에 정부가 적극 나서줄 것을 주장하는 바입니다.
  事態の収集に政府が積極的に乗り出すことを主張しているところです。
- 장학기금을 마련해야 한다는 총장님의 뜻에 백번 공감하는 바이다.
  奨学基金を設けなければならないという総長の志に大いに共感したところだ。

연습 練習 '-는 바'를 사용하여 같은 의미가 되도록 문장을 만드십시오.
'-는 바'を使って同じ意味になるよう文を作りなさい。

1. 유학생활을 한 적이 있어서 의사소통에는 큰 어려움이 없습니다.
➡ ______________________________

2. 전화상으로 말씀드린 내용과 같이 계약금을 내일까지 입금해 주십시오.
➡ ______________________________

3. 이 사업에 우리가 기여한 것에 대한 합당한 대가를 요구하는 것입니다.
➡ ______________________________

034 | -는 셈치고

용법 用法 앞 문장의 동작이나 사실 등을 가정하고 행동함을 나타낸다.
前半部分の動作や事実等を仮定した上で、行動することを表す。

활용 형태 活用形態

-는 셈치고 동사나 '있다', '없다'의 어간 뒤에 사용한다.
動詞や'있다'、'없다'の語幹の後ろにつけて使用する。

예 읽**는 셈치고**, 가**는 셈치고**, 있**는 셈치고**

-은/ㄴ 셈치고 과거의 완료된 사실을 나타낼 때 동사의 어간 뒤에 사용한다.
過去の完了した事実を表すとき動詞の語幹の後ろにつけて使用する。

예 입**은 셈치고**, **온 셈치고**

예문 例文

❶ 속는 셈치고 살이 금방 빠진다는 약을 사 봤어요.
騙されたと思って、短期間で痩せるという薬を買ってみました。

❷ 그런 말은 못 들은 셈치고 지나가는 게 속 편하실 겁니다.
あんなことは聞かなかったことにして流した方が気が楽になるでしょう。

❸ 그냥 잃어버린 셈치고 친구한테 빌려준 돈은 받지 말아야겠어요.
失くしたと思って友だちに貸したお金は受け取らないようにします。

연습 練習 '-는 셈치고'를 사용하여 대화를 완성하십시오.
'-는 셈치고'を使って会話を完成させなさい。

1. 가 : 여보, 큰 아이가 아직도 정신을 못 차리고 나쁜 짓만 골라 하니 정말 큰일이네요.
   나 : ______________________ 더 이상 신경 쓰지 맙시다.

2. 가 : 식사 때가 훨씬 지났는데 일이 반도 안 끝났으니 어떡하지요?
   나 : ______________________ 하던 일 계속 합시다.

3. 가 : 자녀분을 데리러 버스 정류장까지 매일 나오시나 봐요.
   나 : ______________________ 마중을 나오는 거예요.

035 | -는 양

용법 用法 어떤 모양을 하고 있거나 어떤 행동을 하는 것처럼 보임을 나타낸다.
ある形をしていたり、ある行動をしているように見えることを表す。

활용 형태 活用形態

-는 양 동사나 '있다', '없다'의 어간 뒤에 사용한다.
動詞や'있다'、'없다'の語幹の後ろにつけて使用する。

예 참**는 양**, 모르**는 양**, 없**는 양**

-은 양 자음으로 끝나는 형용사의 어간 뒤에 사용한다.
子音で終わる形容詞の語幹の後ろにつけて使用する。

예 좁**은 양**

-ㄴ 양 모음으로 끝나는 형용사의 어간 뒤에 사용한다.
母音で終わる形容詞の語幹の後ろにつけて使用する。

예 지루**한 양**

인 양 명사 뒤에 사용한다.
名詞の後ろにつけて使用する。

예 사장**인 양**, 친구**인 양**

-은/ㄴ 양 과거의 완료된 사실을 나타낼 때 동사의 어간 뒤에 사용한다.
過去の完了した事実を表すとき動詞の語幹の後ろにつけて使用する。

예 먹**은 양**, 성공**한 양**

예문 例文

❶ 두 사람은 서로 잘 아는 양 눈인사를 주고받던데요.
二人はまるで親しい間柄のように軽く会釈していました。

❷ 집주인은 이해심이 바다처럼 넓은 양 사람 좋아 보이는 웃음을 지었다.
大家さんの寛大な心は海の如く、穏やかな笑みを浮かべていた。

❸ 회의에 참석한 김 의원은 듣기에 거북한 양 헛기침만 하고 있네요.
会議に参加したキム議員は、聞くに耐えないように咳払いばかりしていますね。

❹ 정부 대변인은 소문을 마치 사실인 양 보도한 언론에 불만을 나타냈다.
政府報道官は、噂をまるで事実かのように報道したマスコミに不満の意を表した。

❺ 김 기자는 무슨 특종이라도 잡은 양 야단을 피우고 있다.
キム記者は、まるで特ダネでもスクープしたようにはしゃいでいる。

연습 練習 **'-는 양'을 사용하여 두 문장을 한 문장으로 만드십시오.**
'-는 양'を使って2つの文を1つの文にしなさい。

1. 영화 속 주인공이라도 되었다 / 옷깃을 올리고 담배를 피우고 있다.

➡ ______________________________

2. 무슨 대단한 일을 하다 / 비장한 얼굴로 이야기를 하더군요.

➡ ______________________________

3. 그 아줌마가 주인이다 / 당당하게 얘기하던데 아니었어요?

➡ ______________________________

036 | -는 이상

용법 用法

앞 문장의 내용이 이미 정해졌거나 확실한 사실이므로 뒤 문장의 상황이 당연하다는 의미를 나타낸다.
前半部分の内容がすでに決められていたり確実な事実である故に、後半部分の状況が当然だという意味を表す。

활용 형태 活用形態

-는 이상
동사나 '있다', '없다'의 어간 뒤에 사용한다.
動詞や'있다'、'없다'の語幹の後ろにつけて使用する。

예 겪**는 이상**, 판단하**는 이상**, 없**는 이상**

-은 이상
자음으로 끝나는 형용사의 어간 뒤에 사용한다.
子音で終わる形容詞の語幹の後ろにつけて使用する。

예 같**은 이상**

-ㄴ 이상
모음으로 끝나는 형용사의 어간 뒤에 사용한다.
母音で終わる形容詞の語幹の後ろにつけて使用する。

예 나**쁜 이상**

인 이상
명사 뒤에 사용한다.
名詞の後ろにつけて使用する。

예 자식**인 이상**, 부부**인 이상**

-은/ㄴ 이상
과거의 완료된 사실을 나타낼 때 동사의 어간 뒤에 사용한다.
過去の完了した事実を表すとき動詞の語幹の後ろにつけて使用する。

예 마음먹**은 이상**, 약속**한 이상**

예문 例文

❶ 조직에 속해 있는 이상 개인행동은 할 수 없습니다.
組織に所属している以上、個人行動は出来ません。

❷ 자발적인 지원자가 적은 이상 강제로 동원하는 수밖에 없어.
自発的な志願者が少ない以上、強制動員するしかない。

❸ 서로 생각이 다른 이상 공동 작업은 불가능해요.
お互いの考えが違う以上、共同作業は不可能です。

❹ 부모인 이상 자식이 잘못된 길로 가는 걸 두고 볼 수는 없지.
親である以上、子供が誤った道を歩むのを黙って見てはいられない。

⑤ 죄를 지은 이상 벌을 받는 건 당연하다고 봅니다.
罪を犯した以上は､処罰されるのが当たり前だと思います。

연습 練習 맞는 문장을 고르십시오.
正しい文を選びなさい。

1. 경기에 참가한 이상 우승을 위해서 노력해야지요. (　　)
   경기에 참가한 이상 우승하지 않아도 괜찮습니다. (　　)
2. 계약서에 서명을 한 이상 계약내용을 수정해야 한다. (　　)
   계약서에 서명을 한 이상 계약내용을 수정할 수 없다. (　　)
3. 내가 책임자인 이상 근무 태만은 용납할 수 없습니다. (　　)
   내가 책임자인 이상 근무 태만을 용납해야겠습니까? (　　)

037 | –는 통에

용법 用法

앞 문장이 뒤 문장의 원인이 됨을 나타내는 표현으로, 앞에서 일어난 일이 매우 정신 없는 상황인 경우에 쓰인다.
前半部分が後半部分の原因になる事を表す表現で、前半部分で起こったことが落ち着かない状況のとき用いられいる。

활용 형태 活用形態

–는 통에 동사의 어간 뒤에 사용한다.
動詞の語幹の後ろにつけて使用する。

예 퍼붓**는 통에**, 부르**는 통에**

예문 例文

❶ 아이가 밤새도록 우는 통에 잠을 제대로 못 잤어요.
子供が一晩中泣き続けたせいで、ろくに眠れませんでした。

❷ 옆에 앉은 여학생들이 떠드는 통에 도저히 집중할 수가 없었다.
隣に座った女子学生たちがうるさくて、全然集中できなかった。

❸ 시간이 없다고 재촉하는 통에 중요한 서류를 놓고 나갔지 뭐예요.
時間がないと急かされたせいで、大事な書類を置いたまま出かけてしまいました。

참고 参考

명사의 경우 '통에'와 결합하는데, '전쟁', '난리', '장마' 등과 같은 특정 명사 뒤에 사용한다.
名詞の場合'통에'と結合する。'전쟁'、'난리'、'장마' 等のような特定名詞の後ろにつけて使用する。

- 김 미순 할머니는 전쟁 통에 남편과 헤어져 지금까지 혼자 살고 있다.
  キム・ミスンさんは戦争のせいで御主人と離ればなれになって以来一人で暮らしている。
- 비가 퍼붓는 장마 통에도 낚시 도구를 챙겨 나가다니 대단합니다.
  雨が激しく降る梅雨でも釣り具を揃えて出かけるとは大したものです。

연습 練習 '-는 통에'를 사용하여 두 문장을 한 문장으로 만드십시오.
'-는 통에'を使って2つの文を1つの文にしなさい。

1. 사람들이 갑자기 몰려들다 / 제대로 구경도 못했다니까요.

➡ ______________________________

2. 서로 갖겠다고 싸우다 / 똑같은 걸 하나 더 사주고 말았다.

➡ ______________________________

3. 옥상에서 물을 뿌리다 / 널어 놓은 빨래가 다시 젖었어요.

➡ ______________________________

038 | -는 판이다

용법 用法 그러한 처지, 형편임을 나타낸다.
そうした立場,状況であることを表す。

활용 형태 活用形態

-는 판이다 동사나 '있다', '없다'의 어간 뒤에 사용한다.
動詞や'있다', '없다'の語幹の後ろにつけて使用する。

예 잃**는 판이다**, 떨어지**는 판이다**, 없**는 판이다**

-은 판이다 자음으로 끝나는 형용사의 어간 뒤에 사용한다.
子音で終わる形容詞の語幹の後ろにつけて使用する。

예 좁**은 판이다**

-ㄴ 판이다 모음으로 끝나는 형용사의 어간 뒤에 사용한다.
母音で終わる形容詞の語幹の後ろにつけて使用する。

예 아**픈 판이다**

-은/ㄴ 판이다 과거의 완료된 사실을 나타낼 때 동사의 어간 뒤에 사용한다.
過去の完了した事実を表すとき動詞の語幹の後ろにつけて使用する。

예 잡**은 판이다**, 도망가 버**린 판이다**

-을/ㄹ 판이다 추측을 나타낼 때 동사의 어간 뒤에 사용한다.
推測を表すとき 動詞の語幹の後ろにつけて使用する。

예 먹**을 판이다**, 넘어**갈 판이다**

예문 例文

❶ 장사가 안 돼 다들 문을 닫는 판에 가게를 연다니 말도 안 돼요.
商売がうまく行かずみんな店を閉めているのに,新しく店を始めるなんておかしいです。

❷ 한 사람이라도 손이 아쉬운 판이니 돈을 더 주고라도 꼭 붙잡으세요.
猫の手も借りたいところなので,給料を上げてでも必ず引き留めてください。

❸ 우리 먹을 양식도 부족한 판에 남 걱정이 웬 말이에요?
私たちが食べる食料も足りないところなのに,人の心配をするなんてどういうことですか。

❹ 다 잡은 판이었는데 범인을 놓치다니 분하겠군요.
ほぼ捕まえかけたところだったのに,犯人を逃したなんて悔しいでしょうね。

❺ 내가 아무 말도 안하고 잠자코 있으면 누명을 쓸 판입니다.
私が何も言わないで黙っていると濡れ衣を着せられるところです。

연습 練習 '-는 판이다'를 사용하여 같은 의미가 되도록 문장을 만드십시오.
'-는 판이다'を使って同じ意味になるよう文を作りなさい。

1. 먹고살기도 어려운 처지인데 대학원 공부를 계속 해야겠어요?

➡ ______

2. 거래처에서 대금 결제를 못 받으면 당장 부도가 날 상황입니다.

➡ ______

3. 새로 오는 일꾼들이 일이 고되다고 사흘도 못 가서 그만두는 형편이에요.

➡ ______

039 | -는 한

용법 用法 앞 문장이 뒤 문장의 행위나 상태에 대한 전제나 조건이 됨을 나타낸다.
前半部分が後半部分の行為や状態に対する前提や条件になることを表す。

활용 형태 活用形態

-는 한 동사나 '있다', '없다'의 어간 뒤에 사용한다.
動詞や'있다'、'없다'の語幹の後ろにつけて使用する。

예 가지 않**는 한**, 노력하**는 한**, 살아 있**는 한**

예문 例文

❶ 제 힘이 닿는 한 최선을 다해 도와 드리겠습니다.
私の力が及ぶ限り、最善を尽くしてお手伝いします。

❷ 실패를 두려워하는 한 성공의 기쁨을 맛볼 수 없어요.
失敗を恐れる限り、成功の喜びを味わうことは出来ません。

❸ 특별한 이변이 없는 한 우승은 문제없을 것으로 예상된다.
特に異変がない限り、優勝は間違いないと予想される。

연습 練習 '-는 한'을 사용하여 같은 의미가 되도록 문장을 만드십시오.
'-는 한'を使って同じ意味になるよう文を作りなさい。

1. 인터넷 실명제를 하지 않는다면 악성 댓글은 사라지지 않을 겁니다.

➡ ____________________

2. 특별한 사정이 없으면 꼭 참석하도록 하십시오.

➡ ____________________

3. 자세를 바로 잡지 않으면 어깨 통증은 계속 재발할 겁니다.

➡ ____________________

040 | -는 한이 있더라도

용법 用法

앞 문장의 내용이 매우 극단적인 조건이나 상황임을 전제하여, 말하는 사람이 매우 강한 의지를 갖고 있음을 나타낸다.
前半部分の内容がとても極端な条件や状況であることを前提し､話者がとても強い意志を持っていることを表す。

활용 형태 活用形態

-는 한이 있더라도

동사의 어간 뒤에 사용한다.
動詞の語幹の後ろにつけて使用する。

예 죽**는 한이 있더라도**, 그만두**는 한이 있더라도**

예문 例文

❶ 욕을 먹는 한이 있더라도 사실을 있는 그대로 밝혀야 합니다.
たとえ罵られることがあっても､事実をありのまま明らかにしなければなりません。

❷ 밤을 새우는 한이 있더라도 이 일은 꼭 끝내야 해요.
徹夜をしてでも､この仕事は絶対に終わらせなければなりません。

❸ 당분간 적자를 보는 한이 있더라도 연구개발을 멈출 수는 없다.
しばらく赤字になっても､研究開発をやめるわけにはいかない。

연습 練習

'-는 한이 있더라도'를 사용하여 문장을 완성하십시오.
'-는 한이 있더라도'を使って文を完成させなさい。

1. ________________ 부장님의 말을 따를 수 없습니다.

2. ________________ 비밀을 끝까지 지켜야 한다.

3. ________________ 기일 안에 일을 끝내겠습니다.

041 | -는 한편

용법 用法 어떤 일이나 행동을 하면서 다른 일도 함을 나타낸다.
ある事や行動をしながら別の事もすることを表す。

활용 형태 活用形態

-는 한편 동사의 어간 뒤에 사용한다.
動詞の語幹の後ろにつけて使用する。

예 듣**는 한편**, 보**는 한편**

예문 例文

❶ 정보 수집을 위해 신문을 읽는 한편 인터넷 검색도 열심히 한다.
情報収集のために、新聞を読むかたわら、インターネット検索も励んでいる。

❷ 공부를 열심히 하는 한편 체력관리도 소홀히 하지 않고 있습니다.
勉強に励むかたわら、体力管理も疎かにしていません。

❸ 사업의 필요성을 홍보하는 한편 자금 확보에도 애써 주십시오.
事業の必要性をアピールすると共に、資金確保にも励んでください。

연습 練習 '-는 한편'을 사용하여 두 문장을 한 문장으로 만드십시오.
'-는 한편'を使って2つの文を1つの文にしなさい。

1. 고객들에게 사은 행사를 알리는 전화를 걸다 / 안내지도 배포하고 있다.

➡ ____________________

2. 정부는 에너지 절약 정책을 추진하다 / 조직축소도 검토 중입니다.

➡ ____________________

3. 수해로 인한 피해상황을 조사하다 / 침수된 주택과 농경지에 대한 복구 작업도 병행하고 있다.

➡ ____________________

042 | -는다 치다

용법 用法

앞 문장의 사실을 그러하다고 가정함을 의미한다. 주로 '-는다 치더라도', '-는다 치자', '-는다 치고'의 형태로 쓰인다.
ある事実を仮定する事を意味する。主に'-는다 치더라도', '-는다 치자', '-는다 치고'の形態で用いる。

활용 형태. 活用形態

-는다 치다
자음으로 끝나는 동사의 어간 뒤에 사용한다.
子音で終わる動詞の語幹の後ろにつけて使用する。

예 믿**는다 치다**

-ㄴ다 치다
모음으로 끝나는 동사의 어간 뒤에 사용한다.
母音で終わる動詞の語幹の後ろにつけて使用する。

예 **온다 치다**

-다 치다
형용사의 어간 뒤에 사용한다.
形容詞の語幹の後ろにつけて使用する。

예 없**다 치다**, 예쁘**다 치다**

이라 치다
명사 뒤에 사용한다.
名詞の後ろにつけて使用する。

예 진실**이라 치다**, 선배**이라 치다**

-었다/았다/였다 치다
과거의 사실을 나타낼 때 동사나 형용사의 어간 뒤에 사용한다.
過去の事実を表すとき動詞や形容詞の語幹の後ろにつけて使用する。

예 조사**했다 치다**, 깊**었다 치다**

예문 例文

❶ 부모님 허락은 받는다 칩시다. 그런데 사업 자금은 어떻게 마련할 생각입니까?
親の許しは得るとしましょう。だけど事業に必要な資金はどうやって確保するつもりですか。

❷ 지금은 아무도 모른다 쳐도 영원히 비밀이 유지될 수는 없어요.
今は誰も知らないとしても、未来永劫秘密が保たれることはありません。

❸ 이제 무대 앞에 관객들이 있다 치고 연기를 펼쳐 보세요.
これからはステージの前に観客がいると思って演技をしてみなさい。

❹ 네 말이 거짓말이 아니라 치자. 그럼 그 말을 증명해줄 사람을 데리고 와 봐.
君の言うことが嘘じゃないとしよう。ならばそれを証明してくれる人を連れてこいよ。

❺ 아무 일도 없었다 치고 그냥 넘어갈 수 있는 문제가 아닙니다.
何もなかったのように済まされる問題ではありません。

연습 練習 '-는다 치다'를 사용하여 같은 의미가 되도록 문장을 만드십시오.
'-는다 치다'を使って同じ意味になるよう文を作りなさい。

1. 10년 넘게 소식이 없는데 이젠 죽은 사람이라고 생각하고 더 기다리지 말아요.

➡ ______________________________

2. 부모는 너를 믿는다고 해도 다른 사람들이 그 말을 믿어 주겠니?

➡ ______________________________

3. 내가 말실수를 좀 했다고 해도 어떻게 그렇게 심한 말을 할 수 있어요?

➡ ______________________________

043 | –는다손 치더라도

용법 用法

앞 문장의 내용을 인정한다고 해도 그러한 것이 뒤 문장에 아무런 영향을 미치지 않음을 나타내는 표현이다. 뜻을 분명하게 하고 강조하기 위해서 '아무리'와 함께 쓰는 경우가 많다. '–는다고 하더라도'와 유사한 의미로 쓰인다.

前半部分の内容を認めたとしても、後半部分には何の影響も与えない事を表す表現である。意味を明白にしたり強調するために '아무리'と共に用いる場合が多い。'–는다고 하더라도'と類似した意味で使われる。

활용 형태 活用形態

–는다손 치더라도 자음으로 끝나는 동사의 어간 뒤에 사용한다.
子音で終わる動詞の語幹の後ろにつけて使用する。

예 먹**는다손 치더라도**

–ㄴ다손 치더라도 모음으로 끝나는 동사의 어간 뒤에 사용한다.
母音で終わる動詞の語幹の後ろにつけて使用する。

예 **간다손 치더라도**

–다손 치더라도 형용사의 어간 뒤에 사용한다.
形容詞の語幹の後ろにつけて使用する。

예 가깝**다손 치더라도**, 예쁘**다손 치더라도**

이라손 치더라도 명사 뒤에 사용한다.
名詞の後ろにつけて使用する。

예 죄인**이라손 치더라도**, 바보**이라손 치더라도**

–었다손/았다손/였다손 치더라도
과거의 사실을 나타낼 때 동사나 형용사의 어간 뒤에 사용한다.
過去の事実を表すとき動詞や形容詞の語幹の後ろにつけて使用する。

예 말**했다손 치더라도**, 멀**었다손 치더라도**

예문 例文

❶ 사과를 받는다손 치더라도 이미 받은 마음의 상처는 씻어 내기 어려울 겁니다.
謝られるとしても、既に心に付いた傷はなかなか癒えないでしょう。

❷ 수술을 한다손 치더라도 결과를 보장할 수는 없다고 합니다.
手術をするとしても、結果を保証することはできないらしいです。

❸ 아무리 바쁘다손 치더라고 자기가 맡은 일을 미루면 안 되지요.
いくら忙しくても､自分に任された仕事を後回しにしてはいけないでしょう。

❹ 아무리 대통령이라손 치더라도 잘못을 저질렀으면 벌을 받아야지요.
いくら大統領だといっても､悪いことをしたら処罰されるべきです。

❺ 아무리 화가 났다손 치더라도 기본적인 예의를 지켜야 되는 거 아닙니까?
いくら腹が立っても､基本的なマナーは守るべきではありませんか。

연습 練習 맞는 문장을 고르십시오.
正しい文を選びなさい。

1. 실수로 회사에 손해를 입혔다손 치더라도 해고당할 거예요. (　　)
   실수로 회사에 손해를 입혔다손 치더라도 해고당하지는 않을 거예요. (　　)
2. 아무리 배가 고프다손 치더라도 수업시간에 김밥을 먹어도 돼요. (　　)
   아무리 배가 고프다손 치더라도 수업시간에 김밥을 먹으면 안 돼요. (　　)
3. 휴가 중이라손 치더라도 회사에 급한 일이 생기면 출근해야지요. (　　)
   휴가 중이라손 치더라도 회사에 급한 일이 생기면 출근하겠습니까? (　　)

044 | -는답시고

용법 用法 어떤 행위나 상태의 이유나 근거에 대해 빈정거리거나 얕잡아 말할 때, 또는 겸손하게 말할 때 쓴다.
ある行為や状態の理由や根拠に対し皮肉ったり侮って述べるとき、又は謙遜して述べるときに用いる。

활용 형태 活用形態

-는답시고 자음으로 끝나는 동사의 어간 뒤에 사용한다.
子音で終わる動詞の語幹の後ろにつけて使用する。

예 믿**는답시고**

-ㄴ답시고 모음으로 끝나는 동사의 어간 뒤에 사용한다.
母音で終わる動詞の語幹の後ろにつけて使用する。

예 **온답시고**

-답시고 형용사의 어간 뒤에 사용한다.
形容詞の語幹の後ろにつけて使用する。

예 좋**답시고**, 예쁘**답시고**

이랍시고 명사 뒤에 사용한다.
名詞の後ろにつけて使用する。

예 대학생**이랍시고**, 친구**이랍시고**

-었답시고/았답시고/였답시고
과거의 완료된 사실을 나타낼 때 동사의 어간 뒤에 사용한다.
過去の完了した事実を表すとき動詞の語幹の後ろにつけて使用する。

예 만들**었답시고**

-겠답시고 의지를 나타낼 때 동사의 어간 뒤에 사용한다.
意志を表すとき動詞の語幹の後ろにつけて使用する。

예 돕**겠답시고**

예문 例文

❶ 부지런히 한답시고 아침부터 했는데도 이만큼밖에 못했어요.
朝から頑張ってやったつもりでしたが、これぐらいしか出来ませんでした。

❷ 얼굴이 좀 예쁘답시고 콧대가 얼마나 높은지 몰라요.
ちょっと顔が綺麗だからって、どれだけ高飛車かわからないです。

❸ 문단에 등단도 못 했으면서 작가이랍시고 무게를 잡고 다니더라.
文壇に名を挙げることもできなかったくせに、作家のつもりで態度が大きいよね。

❹ 좀 배웠답시고 잘난 척 하는 게 영 마음에 안 든다.
ちょっと学歴が高いからって、傲慢な態度を取るのがとても気にくわない。

❺ 잘 해보겠답시고 의욕적으로 시작했는데 성과가 기대에 미치지 못했습니다.
成功するつもりで意欲的に始めましたが、成果は期待に及びませんでした。

연습 練習

'-는답시고'를 사용하여 같은 의미가 되도록 문장을 만드십시오.
'-는답시고'を使って同じ意味になるよう文を作りなさい。

1. 집안일을 돕는다고 도왔지만 오히려 엄마를 귀찮게 해 드린 것 같았다.

   ➡ ______________________________

2. 연예인이 되겠다면서 공부는 안 하고 외모에만 신경을 써요.

   ➡ ______________________________

3. 학벌이 좀 좋다고 얼마나 거만한지 주변의 눈총을 받을 정도예요.

   ➡ ______________________________

045 | -는댔자

용법 用法

양보하여 그렇다고 쳐도 인정된 사실이 기대에 못 미치거나 업신여길 수 있을 정도임을 나타낸다. '-는다고 했자'를 줄여 쓴 말로 '-는다고 하여도'의 뜻이다.
譲歩してそうだと仮定しても認められる事実が期待に沿えなかったり無視できる程度であることを表す。'-는다고 했자'を縮めた形で'-는다고 하여도'の意味である。

활용 형태 活用形態

-는댔자
자음으로 끝나는 동사의 어간 뒤에 사용한다.
子音で終わる動詞の語幹の後ろにつけて使用する。

예 돕**는댔자**

-ㄴ댔자
모음으로 끝나는 동사의 어간 뒤에 사용한다.
母音で終わる動詞の語幹の後ろにつけて使用する。

예 **온댔자**

-댔자
형용사의 어간 뒤에 사용한다.
形容詞の語幹の後ろにつけて使用する。

예 좁**댔자**, 슬프**댔자**

이랬자
명사 뒤에 사용한다.
名詞の後ろにつけて使用する。

예 이익**이랬자**, 손해**이랬자**

-었댔자/았댔자/였댔자
과거의 사실을 나타낼 때는 동사나 형용사의 어간 뒤에 사용한다.
過去の事実を表すとき動詞や形容詞の語幹の後ろにつけて使用する。

예 배**웠댔자**, 많**았댔자**

예문 例文

❶ 아이가 먹는댔자 얼마나 먹는다고 장을 이렇게 많이 봤어요?
子供が食べられる量は、たかが知れているのに、こんなに買い物をしたんですか。

❷ 요즘 내가 만나는 사람들을 일일이 손꼽아 본댔자 다섯 손가락이면 충분하다.
最近、私と付き合いのある人をいちいち指折り数えたとしても、片手で十分だ。

❸ 이렇게 구석진 시골 마을에서 재산이 많댔자 얼마나 되겠어?
こんなに辺鄙な田舎町で金持ちといってもたかが知れているだろう。

❹ 물려받은 재산이랬자 집 한 채가 다인걸요.
財産相続といっても、家一軒が全部です。

❺ 몇 개월 배웠댔자 솜씨가 어디 내놓을 만하겠어요?
数ヵ月習ったとしても、腕はたかが知れているでしょう。

연습 練習 '-는댔자'를 사용하여 대화를 완성하십시오.
'-는댔자'を使って会話を完成させなさい。

1. 가 : 상대 팀 전력이 어떨지 모르겠어요.

   나 : 걱정하지 마세요. ________________________

2. 가 : 기름 값이 조금이라도 싼 주유소를 찾아다녀야겠어요.

   나 : ________________________

3. 가 : 이번에 진보적인 신당의 지지자가 많지 않을까요?

   나 : 그렇지는 않아요. ________________________

046 | -는지라

용법 用法 앞 문장의 내용이 뒤 문장의 이유가 되는 근거임을 나타낸다.
前半部分の内容が後半部分の理由あるいは根拠であることを表す。

활용 형태 活用形態

-는지라 동사나 '있다', '없다'의 어간 뒤에 사용한다.
動詞や'있다', '없다'の語幹の後ろにつけて使用する。

예 찾**는지라**, 오**는지라**, 없**는지라**

-은지라 자음으로 끝나는 형용사의 어간 뒤에 사용한다.
子音で終わる形容詞の語幹の後ろにつけて使用する。

예 좁**은지라**

-ㄴ지라 모음으로 끝나는 형용사의 어간 뒤에 사용한다.
母音で終わる形容詞の語幹の後ろにつけて使用する。

예 슬**픈지라**

인지라 명사 뒤에 사용한다.
名詞の後ろにつけて使用する。

예 직원**인지라**, 선배**인지라**

-었는지라/았는지라/였는지라
과거의 사실을 나타낼 때 동사나 형용사의 어간 뒤에 사용한다.
過去の事実を表すとき動詞や形容詞の語幹の後ろにつけて使用する。

예 배**웠는지라**, 기**뻤는지라**

-겠는지라 추측을 나타낼 때 동사나 형용사의 어간 뒤에 사용한다.
推測を表すとき動詞や形容詞の語幹の後ろにつけて使用する。

예 떠나**겠는지라**, 뜨겁**겠는지라**

예문 例文

❶ 앞에 나서는 것을 워낙 싫어하는지라 그냥 뒤에서 지켜만 보고 있다.
人の前に出るのをとても嫌うので、ただ後ろで見ているだけだ。

❷ 절친했던 친구를 잃은 슬픔이 깊은지라 한동안 말을 잃고 지냈습니다.
仲の良かった友だちを亡くした悲しみが深く、暫くは言葉を失ったまま過ごしました。

❸ 철이 철인지라 거리는 화사한 봄 색깔로 치장하고 있었다.
季節が季節だから､街は鮮やかな春の色で彩られていた。

❹ 그때는 누구의 도움도 받을 수 없었는지라 더욱 외로움을 느꼈다.
あの時は誰からも助けてもらえなかったので､余計に寂しさを感じた。

❺ 더 이상 훈련을 못 받겠는지라 포기하겠다고 말씀드려야겠다.
これ以上訓練を受けることは出来ないから､諦めると申し上げよう。

연습 練習 다음 문장을 완성하십시오.
次の文を完成させなさい。

1. 주말 밤에는 응급환자가 많은지라 ____________________
2. 까마득한 선배의 말인지라 ____________________
3. 믿었던 사람에 대한 실망이 너무 컸는지라 ____________________

문법 알아보기

ㄷ

047 -다 못해

048 -다마다

049 -다시피 하다

050 -던 차에

051 -되

047 | -다 못해

용법 用法

정도가 지나쳐서 그 이상의 극단적 상태에까지 이르렀거나 한계에 이르러 더 이상 그 동작의 상태를 유지할 수 없음을 의미한다.
程度が強すぎて極端的状態まで至ったり限界に至ったので、ある動作の状態をそれ以上維持できないことを意味する。

활용 형태 活用形態

-다 못해 동사나 형용사의 어간 뒤에 사용한다.
動詞や形容詞の語幹の後ろにつけて使用する。

예 듣**다 못해**, 보**다 못해**, 하얗**다 못해**, 냉정하**다 못해**

예문 例文

❶ 기다리다 못해 이렇게 찾아왔습니다.
待ちきれず、このように訪ねて参りました。

❷ 무대 위를 걷는 그녀는 아름답다 못해 눈이 부실 정도였어.
ステージの上を歩いている彼女の姿は美しさを通り越して眩しいぐらいだった。

❸ 희다 못해 푸른 기가 감도는 도자기의 빛깔이 인상적이었다.
白すぎて青みすらかかっている陶磁器の色合いが印象的だった。

연습 練習 다음 문장을 완성하십시오.
次の文を完成させなさい。

1. 합격 소식을 듣고 기쁘다 못해 ______________________
2. 상사의 부당한 요구를 견디다 못해 ______________________
3. 혼자 낑낑대는 모습을 보다 못해 ______________________

048 | -다마다

용법 用法

상대방의 말에 동의하면서 당연히 그렇다고 하거나 그렇게 하겠다고 함을 나타낸다. '-다마다요'로 높여 말할 수 있고, '-고말고'와 바꿔 쓸 수 있다.
相手の言葉に同意して当然そうだと言ったりそうすると言うことを表す。'-요'を付けると敬語になるし、'-고말고'とも言い換えられる。

활용 형태 活用形態

-다마다 동사나 형용사의 어간 뒤에 사용한다.
動詞や形容詞の語幹の後ろにつけて使用する。

예 듣**다마다**, 보**다마다**, 그렇**다마다**, 아프**다마다**

이다마다 명사 뒤에 사용한다.
名詞の後ろにつけて使用する。

예 신랑감**이다마다**, 제자**이다마다**

-었다마다/았다마다/였다마다
과거의 사실을 나타낼 때 동사나 형용사의 어간 뒤에 사용한다.
過去の事実を表すとき動詞や形容詞の語幹の後ろにつけて使用する。

예 그랬**다마다**, 미웠**다마다**

예문 例文

❶ 가 : 제가 보내드린 김치 냉장고는 잘 쓰고 계세요?
私が送ったキムチ冷蔵庫は役に立ってるのでしょうか。

나 : 그럼, 덕분에 잘 쓰고 있다마다.
もちろん、お陰さまで大事に使っているよ。

❷ 가 : 저 후보가 정말 괜찮은 것 같지요?
あの候補が本当に良さそうですね。

나 : 그럼요, 지도력이며 성품이며 대통령감이다마다요.
そうですね。指導力と言い、人柄と言い、まさに大統領にふさわしい人ですね。

❸ 가 : 어머니, 철수가 무대 위에서 연주를 잘 하던가요?
お母さん、チョルスがステージでうまく演奏をしていましたか。

나 : 그럼, 떨지도 않고 잘 했다마다. 역시 우리 손자야!
もちろん、あがることもなく本当にうまくやったよ。さすが、私の孫だよ。

연습 練習 **'-다마다'를 사용하여 대화를 완성하십시오.**
'-다마다'を使って会話を完成させなさい。

1. 가 : 다음 주 우리 식당 개업식에 오실 거지요?

   나 : 걱정하지 마세요. ______________________________

2. 가 : 서비스 신청이 밀려서 오후 늦게라야 방문할 수 있는데 괜찮으신가요?

   나 : ______________________________

3. 가 : 아빠, 세상에서 제가 만든 요리가 제일 맛있죠?

   나 : ______________________________

049 | -다시피 하다

용법 用法 실제로 그 동작을 하는 것은 아니지만 거의 그 동작에 가까움을 나타낸다.
実際にその動作をすることはないがほぼその動作に近いことを表す。

활용 형태 活用形態

-다시피 하다 동사나 '있다', '없다'의 어간 뒤에 사용한다.
動詞や'있다', '없다'の語幹の後ろにつけて使用する。

예 밟**다시피 하다**, 붙어 다니**다시피 하다**, 없**다시피 하다**

예문 例文

❶ 쌓인 업무를 처리하느라고 요즘은 점심을 거의 굶다시피 하고 있어요.
溜まっている仕事の処理で、最近は昼御飯を殆んど抜いています。

❷ 봉사 동아리 회원인 친구는 사람이 모자란다며 나를 거의 끌고 가다시피 했다.
ボランティアサークルのメンバーである友だちは人手不足だといって、私を殆んど連れ出した。

❸ 무슨 일에 정신을 쏟고 있는지 요즘 계속 사무실을 비우다시피 하던데요.
いったい何に気を取られているのか、最近は殆んど事務所にいないです。

연습 練習 '-다시피 하다'를 사용하여 대화를 완성하십시오.
'-다시피 하다'を使って会話を完成させなさい。

1. 가 : 신년 특집 방송 프로그램 준비는 잘 되고 있습니까?
   나 : ______________________

2. 가 : 두 사람은 어쩌다가 연인이라는 소문이 난 거야?
   나 : ______________________

3. 가 : 친구 부탁을 절대 안 들어 줄 것 같더니 어떻게 마음이 변했어요?
   나 : ______________________

050 | –던 차에

용법 用法

마침 어떠한 일을 하던 기회나 순간에 그 일과 관련된 일이 일어남을 나타낸다. '–던 참에'와 유사한 의미로 쓰인다.
あたかもあることをした機会や瞬間にそのことと関連したことが起る事を表す。'–던 참에'と類似した意味で用いられる。

활용 형태 活用形態

–던 차에 동사나 '있다', '없다'의 어간 뒤에 사용한다.
動詞や'있다', '없다'の語幹の後ろにつけて使用する。

예 먹**던 차에**, 붙이**던 차에**, 생각하고 있**던 차에**

예문 例文

❶ 아르바이트를 찾던 차에 마침 영수가 좋은 자리를 소개해 주었다.
アルバイトを探していた矢先に、ちょうどヨンスが良いところを紹介してくれた。

❷ 막 잠이 들려고 하던 차에 전화가 걸려 왔어요.
ちょうど眠ろうとした矢先に電話がかかってきました。

❸ 어떤 옷을 입을까 고민하고 있던 차에 언니 옷이 눈에 띄어 허락없이 입었다.
どんな服を着ようか悩んでいたところで、姉の服が目について無断で着た。

연습 練習 '–던 차에'를 사용하여 같은 의미가 되도록 문장을 만드십시오.
'–던 차에'を使って同じ意味になるよう文を作りなさい。

1. 전화를 걸려고 했는데 마침 연락이 와서 사정을 말씀드렸어요.

➡ ______

2. 유학준비를 하는 중에 우연히 선배한테 좋은 학교를 소개 받았다.

➡ ______

3. 어떻게 하면 아이가 다양한 채소를 섭취할 수 있을까 생각하다가 알게 된 요리법입니다.

➡ ______

051 | -되

용법 用法

앞 문장의 내용을 인정하거나 허락하면서도 그에 대한 단서가 있음을 나타낸다.
前の内容を認めたり許しながらもそれに対する但し書きがあることを表す。

활용 형태 活用形態

-되	동사의 어간 뒤에 사용한다. 動詞の語幹の後ろにつけて使用する。 예 먹**되**, 쓰**되**

예문 例文

❶ 책을 읽되 소리를 내지 말고 눈으로 읽어라.
本を読むのは良いが、声に出さないで目で読みなさい。

❷ 죄는 미워하되 사람은 미워하지 말라는 말이 있어요.
「罪を憎んで人を憎まず」という言葉があります。

❸ 네가 하고 싶은 것을 하되 네 행동에 책임을 져야 한다.
お前がやりたいことをやるのは良いが、自分の行為に責任を取らなければならない。

참고 参考

동사나 형용사와 결합하여 앞 문장과 뒤 문장의 내용이 대립적인 사실임을 나타내기도 한다.
動詞や形容詞と結合し前半部分と後半部分の内容が対立的である事実を表したりもする。

- 생계형 사범은 사면하되 일반 사범은 사면 대상에서 제외했다.
  生活苦による犯罪者は赦免されたが一般の犯罪者は赦免対象から除外された。
- 소리는 작되 그 울림은 매우 커 사람들의 마음을 움직이기까지 했다.
  声は小さかったがその響きはとても大きく、人々の心を動かすに至った。

연습 練習 '-되'를 사용하여 대화를 완성하십시오.
'-되'を使って会話を完成させなさい。

1. 가 : 게임을 한번 시작하면 시간 가는 줄 모르고 하다 보니 일상생활에 지장을 받게 되네요.

   나 : ____________________

2. 가 : 저축으로 내 집 마련은 어렵겠어요. 좀 위험해도 투자를 해야 돈을 불릴 수 있지 않을까요?

   나 : ____________________

3. 가 : 약 복용기간 중에 조심해야 할 사항은 무엇입니까?

   나 : ____________________

ㅇ

052 | -어 봤자

용법 用法

주로 동사와 결합하여 그렇게 시도를 해 본다고 해도 어떤 결과나 소용이 없다는 의미이다.

主に動詞と結合し､そのようにやってみたとしても期待する結果が得られない､あるいはやった意味がない事を表す。

활용 형태 活用形態

-어/아/여 봤자 동사의 어간 뒤에 사용한다.
動詞の語幹の後ろにつけて使用する。

예 먹**어 봤자**, 찾**아 봤자**, 공부**해 봤자**

예문 例文

❶ 거대 언론을 상대로 싸워 봤자 본전도 못 찾을 겁니다.
巨大なマスコミを相手に戦っても､元も子もないでしょう。

❷ 책상에 앉아 있어 봤자 수술 중이신 어머니 걱정에 글씨가 눈에 들어오지 않았다.
机に座っていても､手術中の母親が心配で字が目に入ってこなかった。

❸ 뛰어 봤자 벼룩이라는 말도 못 들어 봤어요?
跳んだところで蚤(やってみたところで微々たるもの)という言葉も聞いたことがないですか。

참고 参考

형용사와 결합하는 경우, 정도나 상태가 아무리 그렇다고 해도 별 의미가 없거나 소용이 없음을 나타낸다.
形容詞と結合する場合､程度や状態がいくらそうだとしてもあまり意味が無かったり無駄であることを表す。

- 돈이 많아 봤자 얼마나 많겠어?
  お金が多かったところでどれだけ多いんだい。
- 성공률이 높아 봤자 10%도 넘지 못할 겁니다.
  成功率が高いところで10%も行かないでしょう。

연습 練習 '-어 봤자'를 사용하여 대화를 완성하십시오.
'-어 봤자'を使って会話を完成させなさい。

1. 가 : 아직도 승차 거부를 하는 택시가 있어요? 경찰에 신고할까요?

   나 : 관두세요. ______________________

2. 가 : 제출기한을 연기해 달라고 다시 한 번 부탁해 보는 게 어때요?

   나 : 소용없어요. ______________________

3. 가 : 그러다 쓰러지겠어요. 감기가 심하신 것 같은데 좀 쉬세요.

   나 : ______________________

꼭~ 알아두기

053 | -어 주십사 하다

용법 用法

상대방에게 매우 조심스럽고 공손하게 부탁할 때 쓰는 표현이다. 주로 '-어 주십사 하고', '-어 주십사 해서'의 형태로 쓰며 '하다'는 생략할 수 있다.
相手に対しとても気を使い丁寧に依頼をするとき用いる表現である。主に'-어 주십사 하고', '-어 주십사 해서'の形態で用い'하다'は省略できる。

활용 형태 活用形態

-어/아/여 주십사 하다

동사의 어간 뒤에 사용한다.
動詞の語幹の後ろにつけて使用する。

예 빌**려 주십사 하다**, 찾**아 주십사 하다**, 참석**해 주십사 하다**

예문 例文

❶ 장애인 학교 설립을 도와주십사 하고 이렇게 찾아뵈었습니다.
特別支援学校の設立にご協力をお願いしたく、このようにやって参りました。

❷ 참석 여부를 알려 주십사 해서 연락드렸습니다.
出席されるかどうかをお聞きしたくてご連絡差し上げました。

❸ 넓은 아량으로 이해해 주십사 말씀드렸습니다.
寛大な心でどうかご理解いただきたいと申し上げました。

연습 練習 '-어 주십사 하다'를 사용하여 대화를 완성하십시오.
'-어 주십사 하다'を使って会話を完成させなさい。

1. 가 : 자네, 오랜만에 학교까지 웬일인가?
   나 : ______________________ 선생님을 뵈러 왔습니다.

2. 가 : 아니, 이거 웬 떡이에요? 개업하셨어요?
   나 : 네, ______________________ 드리는 떡이에요.

3. 가 : 이 사업계획서는 검토 대상에서 제외된 걸로 알고 있는데요.
   나 : 그래서 ______________________

054 | -어서야

용법 用法 앞 문장과 같은 상황에서는 뒤 문장의 내용이 절대로 일어날 수 없다는 것을 강하게 나타낸다. 뒤 문장은 '어디 -겠어요?'와 같은 반어적인 의문문 형태가 주로 쓰인다.
前半部分のような状況からは後半部分の内容が絶対に起り得ないことを強く表す。後半部分は'어디 -겠어요?'のような反語的な疑問文形態が主に用いられる。

활용 형태 活用形態

-어서야/아서야/여서야

동사나 형용사의 어간 뒤에 사용한다.
動詞や形容詞の語幹の後ろにつけて使用する。

예 마**셔서야**, 작**아서야**, 싫어**해서야**

예문 例文

❶ 이렇게 부끄러움을 타서야 어디 여자를 사귈 수 있겠니?
こんなに恥ずかしがって、女の子と付き合えるかね。

❷ 그렇게 속이 좁아서야 어떻게 사회생활을 할 수 있겠어요?
そんなに心が狭くて、どうやって社会生活をするんですか。

❸ 나이가 어리다고 함부로 대해서야 되겠습니까?
年下だからって、ぞんざいに接して良いのですか。

참고 参考

'-어서'의 강조 형태로 '어떠한 시간이 되어서'의 뜻을 나타내기도 한다.
'-어서'の強調形態で'어떠한 시간이 되어서'の意味を表すこともできる。

- 날이 저물어서야 간신히 목적지에 도착할 수 있었다.
  日が暮れてやっと目的地に到着できた。
- 마감 시간이 다 되어서야 겨우 부랴부랴 이메일을 보냈습니다.
  締め切り時間の直前にやっと急いでメールを送りました。

ㅇ

연습 練習 '-어서야'를 사용하여 문장을 완성하십시오.
'-어서야'を使って文を完成させなさい。

1. ______________________ 어디 제시간에 일을 끝낼 수 있겠어요?

2. ______________________ 어디 친구라고 말할 수 있겠습니까?

3. ______________________ 어디 영양을 골고루 섭취할 수 있겠니?

055 | -었던들

용법 用法

지난 사실을 현재와 다르게 가정할 때 쓰는 표현이다. 아쉽거나 후회스러운 일에 쓰므로 뒤 문장에는 '-었을 걸'이나 '-었을 텐데'와 같은 표현이 자연스럽게 연결된다. '-었더라면'과 유사한 의미로 쓰인다.

過去の事実を現在と違うふうに仮定するとき用いる表現である。残念がったり後悔することに使われる故に後半部分には'-었을 걸'や'-었을 텐데'のような表現が来るのが自然である。'-었더라면'と類似した意味で用いられる。

활용 형태 活用形態

-었던들/았던들/였던들

동사나 형용사의 어간 뒤에 사용한다.
動詞や形容詞の語幹の後ろにつけて使用する。

예 배**웠던들**, 빨**랐던들**, 노력**했던들**

이었던들

명사 뒤에 사용한다.
名詞の後ろにつけて使用する。

예 아들**이었던들**, 친구**이었던들**

예문 例文

❶ 노사가 서로 조금만 양보했던들 파업은 막을 수 있었을 텐데요.
会社側と労働者側がお互い少し譲り合ったらストライキにはならなかったでしょう。

❷ 날씨만 춥지 않았던들 야외에서도 할 수 있었을 겁니다.
気温さえ寒くなかったら、野外でも出来たはずです。

❸ 그 날이 평일이었던들 인명 피해가 이렇게 심하지 않았을 걸.
あの日が平日だったら、人的被害がこんなに酷くはなかっただろうに。

연습 練習 '-었던들'을 사용하여 문장을 완성하십시오.
'-었던들'を使って文を完成させなさい。

1. ______________________ 목숨을 구할 수 있었을 텐데요.

2. ______________________ 그런 실수는 하지 않았을 걸.

3. ______________________ 노년을 외롭게 지내지 않았을 겁니다.

056 | 에 비추어

용법 用法

판단의 근거가 되는 어떠한 대상을 들어 말할 때 쓰는 표현으로, '에 비추어 보면', '에 비추어 볼 때'와 같은 형태로 주로 쓰인다.
判断の根拠になるある対象を掲げて述べるときに用いる表現である。'에 비추어 보면', '에 비추어 볼 때'のような形態で主に使われる。

활용 형태 活用形態

에 비추어　　명사 뒤에 사용한다.
名詞の後ろにつけて使用する。

예 말씀**에 비추어**, 과거**에 비추어**

예문 例文

❶ 법이란 국민들의 건전한 상식에 비추어 무리가 없어야 한다.
法律とは国民の健全なる常識に照準を合わせ無理があってはいけない。

❷ 개인적인 경험에 비추어 보면 결국 자신의 판단이 가장 중요해요.
個人の経験に照らし合わせてみると、結局自分の判断が最も重要です。

❸ 현실에 비추어 볼 때 정부의 정책은 실현 가능성이 적다고 봅니다.
現実と照らし合わせてみると、政府の政策は実現の可能性が低いと思われます。

연습 練習　'에 비추어'를 사용하여 한 문장으로 만드십시오.
'에 비추어'を使って文を作りなさい。

1. 세계적인 흐름 / 녹색 기술 개발을 서둘러야 합니다.

➡ ______________________________

2. 헌법의 기본 정신 / 낙태 행위는 불법이라고 볼 수밖에 없다.

➡ ______________________________

3. 예년의 수확량 / 올해도 평년과 같은 수준이 예상됩니다.

➡ ______________________________

057 | 에도 불구하고

용법 用法

명사에 붙어 앞 문장의 행위나 상태의 결과에서 기대할 수 있는 것과 다르거나 반대의 결과가 뒤 문장에 옴을 나타낸다.
名詞について前半部分の行為や状態から期待できる事と異なる結果､あるいは反対の結果が後半部分に来ることを表す。

활용 형태 活用形態

에도 불구하고 명사 뒤에 사용한다.
名詞の後ろにつけて使用する。

예 노력**에도 불구하고**, 추위**에도 불구하고**

예문 例文

❶ 장애인에 대한 편견에도 불구하고 그는 당당히 꿈을 이루어 나갔다.
障害者に対する偏見があるにも関わらず､彼は堂々と夢を叶えた。

❷ 정성어린 간호에도 불구하고 숨을 거두고 말았습니다.
手厚い看護にも関わらず､息を引き取ってしまいました。

❸ 야당의 강력한 반대에도 불구하고 여당은 법안을 단독 처리했다.
野党の強い反対にも関わらず､与党は単独で法案を処理した。

참고 参考

동사나 형용사, '이다'의 경우에는 명사형 '-음에도 불구하고'의 형태로 쓰인다.
動詞､形容詞､'이다'の場合には名詞形'-음에도 불구하고'の形態で用いられる。

- 그럼에도 불구하고 당신을 포기할 수 없습니다.
  それにも関わらずあなたを諦められません。
- 자식이 하나임에도 불구하고 전쟁터에 나가는 나를 자랑스러워 하셨다.
  子供が一人しかいなかったにも関わらず戦場に赴く私を誇らしく思われた。
- 최선을 다했음에도 불구하고 결과는 그리 만족스럽지 않았어요.
  最善を尽くしたにも関わらず結果はそれほど満足できるものではありませんでした。

연습 練習 '에도 불구하고'를 사용하여 두 문장을 한 문장으로 만드십시오.
'에도 불구하고'を使って２つの文を１つの文にしなさい。

1. 의학이 눈부시게 발전했다 / 여전히 불치병으로 죽어가는 사람들이 많다.

➡ ______________________________

2. 국제 유가가 하락하고 있다 / 국내 석유 값은 떨어지지 않고 있다.

➡ ______________________________

3. 가격 경쟁력을 갖추고 있다 / 소비자들의 눈길을 끌지 못하는 원인을 분석해야 한다.

➡ ______________________________

꼭~ 알아두기

058 | -으나마

용법 用法 앞 문장의 내용이 그리 흡족하지는 않지만 아쉬운 대로 받아들여야 함을 나타낸다.
前半部分の内容がさほど満足するものではないが不満足ながらもそのまま受け入れなければならないことを表す。

활용 형태 活用形態

-으나마 자음으로 끝나는 형용사의 어간 뒤에 사용한다.
子音で終わる形容詞の語幹の後ろにつけて使用する。

예 작**으나마**

-나마 모음으로 끝나는 형용사의 어간 뒤에 사용한다.
母音で終わる形容詞の語幹の後ろにつけて使用する。

예 비슷하**나마**

예문 例文

❶ 근사한 모임을 기대했지만 아쉬우나마 이 정도로 만족해야 했다.
素敵なパーティーを期待していたが,この程度で満足しなければならなかった。

❷ 누추하나마 잠시 들어오셔서 쉬었다 가시지요.
むさくるしい家ですが,少しお休みになってから行ってください。

❸ 약소하나마 성의라고 생각하시고 받아 주십시오.
つまらないものですが,誠意としてお受け取りください。

참고 参考

동사의 경우 '-지 못하나마'의 형태로 주로 쓰인다.
動詞の場合'-지 못하나마'の形態で主に用いられる。

- 잘 하지는 못하나마 나름대로 열심히 했으니 이해해 주시기 바랍니다.
  上手くありませんが私なりに一生懸命しましたのでご理解いただければと思います。
- 발 벗고 나서지는 못하나마 힘닿는 데까지 도와 드리겠습니다.
  充分なことはできませんができる限りお手伝い致します。

연습 練習 맞는 문장을 고르십시오.
正しい文を選びなさい。

1. 부족하나마 피해 지역에 도움이 되었으면 합니다. ( )

   부족하나마 피해 지역에 도움이 되기 어렵습니다. ( )

2. 간단하나마 이것으로 수상 소감이 되겠습니까? ( )

   간단하나마 이것으로 수상 소감을 대신하겠습니다. ( )

3. 서투르나마 제 솜씨를 보여 드리고 싶었습니다. ( )

   서투르나마 여러분의 솜씨를 맘껏 발휘해 주십시오. ( )

059 | -으랴 -으랴

용법 用法 여러 가지 일을 나열하면서 그러한 일들을 하느라 애씀을 나타낸다.
複数の行為を羅列しそのようなことをするために努力することを表す。

활용 형태 活用形態

-으랴 -으랴 자음으로 끝나는 동사의 어간 뒤에 사용한다.
子音で終わる動詞の語幹の後ろにつけて使用する。

예 씻**으랴** 닦**으랴**

-랴 -랴 모음으로 끝나는 동사의 어간 뒤에 사용한다.
母音で終わる動詞の語幹の後ろにつけて使用する。

예 돌보**랴** 치우**랴**

예문 例文

❶ 주문 받으랴 배달하랴 몸이 두 개라도 모자랄 지경이에요.
注文受け付けたり配達したりで体が2つあっても足りないくらいです。

❷ 강의 들으랴 공책에 받아 적으랴 정신이 하나도 없네요.
講義を聞いたりノートをとったりで忙しいですね。

❸ 회의 준비하랴 보고서 쓰랴 점심 먹을 시간도 없었습니다.
会議の準備や報告書の作成で昼食を食べる時間もありませんでした。

연습 練習 '-으랴 -으랴'를 사용하여 대화를 완성하십시오.
'-으랴 -으랴'を使って会話を完成させなさい。

1. 가 : 아이 키우시면서 직장 다니시느라 힘드시겠어요.
   나 : 말도 마세요. ______________________________

2. 가 : 유학 준비는 잘 되고 있나요? 챙겨야 할 게 많을 텐데요.
   나 : 네, ______________________________

3. 가 : 새로 시작한 서비스 센터 업무에 잘 적응하고 있지요?
   나 : 네, ______________________________

060 | -으랴마는

용법 用法

추측한 앞 문장의 내용을 시인하되 그것이 뒤 문장의 내용에 영향을 미치지 않음을 나타낸다. '-겠냐마는'과 유사한 의미로 쓰이며, '-으랴만'으로 줄여 쓸 수 있다.
推測した前半部分の内容を認めるが,それが後半部分の内容に影響を与えないことを表す。'-겠냐마는'と類似した意味で使われ'-으랴만'に縮めて用いることができる。

활용 형태 活用形態

-으랴마는
자음으로 끝나는 동사나 형용사의 어간 뒤에 사용한다.
子音で終わる動詞や形容詞の語幹の後ろにつけて使用する。

예 잊**으랴마는**, 넓**으랴마는**

-랴마는
모음으로 끝나는 동사나 형용사의 어간 뒤에 사용한다.
母音で終わる動詞や形容詞の語幹の後ろにつけて使用する。

예 기다리**랴마는**, 깨끗하**랴마는**

이랴마는
명사 뒤에 사용한다.
名詞の後ろにつけて使用する。

예 스님**이랴마는**, 신부**이랴마는**

-었으랴마는/았으랴마는/였으랴마는
과거의 사실을 나타낼 때 동사나 형용사의 어간 뒤에 사용한다.
過去の事実を表すとき動詞や形容詞の語幹の後ろにつけて使用する。

예 **갔으라마는**, 있**었으라마는**

-겠으랴마는
추측을 나타낼 때 동사나 형용사의 어간 뒤에 사용한다.
推測を表すとき動詞や形容詞の語幹の後ろにつけて使用する。

예 오**겠으라마는**, 싫**겠으라마는**

예문 例文

❶ 그날의 분노를 어찌 잊으랴마는 이제는 용서할 때가 되었다.
あの日の怒りを忘れられないが、もう許す時が来た。

❷ 큰 시험을 준비하고 있으니 한가하랴마는 아버님 기일은 잊지 말거라.
重要な試験を控えているから余裕はないだろうが、父の命日は忘れるな。

❸ 어려울 때 친구를 외면하는 이가 진정한 친구이랴마는 어쩔 수 없는 상황도 있다.
友だちが困っている時に目をそらすのは真の友達と言えないだろうが、仕方ない時だってある。

❹ 옛 애인에 대한 궁금함이 없었으랴마는 그런 속마음을 숨기고 있었다.
元恋人のことが気にならなかったわけではないが、そういう本音は隠していた。

❺ 초대받지 않은 자리에 나타나겠으랴마는 혹시 올까 봐 걱정이다.
招かれてないところに現れるわけないだろうが、万が一来るか心配だ。

연습 練習

'-으랴마는'을 사용하여 같은 의미가 되도록 문장을 만드십시오.
'-으랴마는'を使って同じ意味になるよう文を作りなさい。

1. 혼자 유학생활을 하는 어려움이 있었겠지만 잘 헤쳐 나갔다.

➡ ______________________________

2. 상위권 입상이 불가능하겠지만 끝까지 최선을 다하도록 해야지요.

➡ ______________________________

3. 당장 손해 볼 걸 알면서 투자할 사람은 없겠지만 장기적인 안목으로 보면 투자할 만도 하다.

➡ ______________________________

061 | -으려나

용법 用法

친구나 아랫사람에게 쓰이거나 혼자말로 쓰여 어떤 상태나 상황에 대한 추측이나 궁금함을 나타낸다.
友達や目下の者に対して、あるいは独り言として用いられ、ある状態や状況についての推測や気掛かりなことを表す。

활용 형태 活用形態

-으려나 자음으로 끝나는 동사나 형용사의 어간 뒤에 사용한다.
子音で終わる動詞や形容詞の語幹の後ろにつけて使用する。

예 믿**으려나**, 재미있**으려나**

-려나 모음으로 끝나는 동사나 형용사의 어간 뒤에 사용한다.
母音で終わる動詞や形容詞の語幹の後ろにつけて使用する。

예 오**려나**, 예쁘**려나**

-었으려나/았으려나/였으려나
과거의 사실을 나타낼 때 동사나 형용사의 어간 뒤에 사용한다.
過去の事実を表すとき動詞や形容詞の語幹の後ろにつけて使用する。

예 발표**했으려나**, 짧**았으려나**

예문 例文

❶ 아직 도착하지 않는 걸 보니 참석하지 않으려나.
まだ来てないところを見るに参加しないのかな。

❷ 주말에는 붐비겠지만 평일 오전에 가면 좀 한적하려나.
週末は込むだろうが、平日の午前中に行けば少し空いているかな。

❸ 연습도 제대로 못했는데 실기시험은 무사히 봤으려나.
練習もろくに出来なかったのに、実技テストは無事に終わったのかな。

참고 参考

그러할 것 같다고 추측할 때 '-으려나 보다'의 형태로 쓴다.
そうだろうと推測するときに'-으려나 보다'の形態で用いる。

- 아무도 안 오려나 봐요.
  だれも来ないみたいですね。
- 이번 문제는 그냥 덮으려나 봅니다.
  今回の問題は無かったことにするみたいですね。

참고 参考

그리 될까 봐 걱정함을 나타낼 때 '-으려나 모르다'의 형태로 쓴다.
望ましくない状況を想像して心配することを表すときに'-으려나 모르다'の形態で用いる。

- 이렇게 늦게 가도 혼나지 않으려나 몰라.
  こんなに遅く行ったら怒られないかな。
- 상황이 안 좋아 보이던데 별일 없으려나 모르겠습니다.
  状況が悪そうでしたが何も無ければいいのですが。

연습 練習 '-으려나'를 사용하여 같은 의미가 되도록 문장을 만드십시오.
'-으려나'を使って同じ意味になるよう文を作りなさい。

1. 행사는 별 탈 없이 진행되고 있을까?
   ➡ ______________________________

2. 꼼꼼한 부장님이 이런 기획안을 결재해 주실까?
   ➡ ______________________________

3. 아무도 발언하지 않는 걸 보면 더 이상 반대하지 않을 것 같다.
   ➡ ______________________________

062 | -으려니 하다

용법 用法 어떤 상황일거라고 추측하거나 미루어 생각함을 나타낸다. '하다' 대신 '생각하다, 여기다' 등을 쓸 수 있다.
ある状況であるだろうと推測することを表す。'하다'の代りに'생각하다, 여기다'等を用いることができる。

활용 형태 活用形態

-으려니 하다 자음으로 끝나는 동사나 형용사의 어간 뒤에 사용한다.
子音で終わる動詞や形容詞の語幹の後ろにつけて使用する。

예 읽**으려니 하다**, 없**으려니 하다**

-려니 하다 모음으로 끝나는 동사나 형용사의 어간 뒤에 사용한다.
母音で終わる動詞や形容詞の語幹の後ろにつけて使用する。

예 쉬**려니 하다**, 싸**려니 하다**

이려니 하다 명사 뒤에 사용한다.
名詞の後ろにつけて使用する。

예 부자지간**이려니 하다**, 소나기**이려니 하다**

-었으려니/았으려니/였으려니 하다
과거의 사실을 나타낼 때 동사나 형용사의 어간 뒤에 사용한다.
過去の事実を表すとき動詞や形容詞の語幹の後ろにつけて使用する。

예 만**났으려니 하다**, 아**팠으려니 하다**

-겠으려니 하다 추측을 나타낼 때 동사나 형용사의 어간 뒤에 사용한다.
推測を表すとき動詞や形容詞の語幹の後ろにつけて使用する。

예 잘 되**겠으려니 하다**, 시원하**겠으려니 하다**

예문 例文

❶ 제시간에 도착하려니 한 게 잘못이었어요.
定時に着くだろうと思ったのが失敗でした。

❷ 약은 다 쓰려니 하고 먹지 않으려는 아이가 많다.
薬は全て苦いと思って飲もうとしない子供が多い。

❸ 학창시절에 다 한 번쯤 겪는 일이려니 생각하세요.
学生時代にみんな一度は経験することだと思ってください。

❹ 시키는 대로 했으려니 했는데 엉뚱한 짓을 한 것 같군요.
言われた通りにしていると思ったが､とんでもないことをしてしまったようですね｡

❺ 시험장을 나오는데 표정이 밝기에 결과가 좋겠으려니 했습니다.
試験場から出るときに明るい表情をしていたから､きっと良い結果が出るだろうと思いました｡

연습 練習 **'-으려니 하다'를 사용하여 대화를 완성하십시오.**
'-으려니 하다'を使って会話を完成させなさい｡

1. 가 : 오늘따라 언니가 왜 저렇게 예민해져 있는지 모르겠어요.
   나 : ____________________

2. 가 : 식구가 여럿인데 왜 아무도 공항에 마중을 안 나간 거예요?
   나 : ____________________

3. 가 : 현장 근처만 수색하다가 범인을 놓쳤다고요?
   나 : ____________________

063 | -으려니와

용법 用法

앞 문장의 내용을 인정하면서 뒤 문장의 내용이 그보다 더하거나 첨가됨을 나타낸다. '도 -으려니와'의 형태로 자주 쓰이며, '-거니와'와 유사한 의미로 쓰인다.
前半部分の内容を認めながら後半部分の内容が前半部分より詳細だったり付け加えをしたことを表す。よく'도 -으려니와' の形態で用いられ、'-거니와'と類似した意味で使われる。

활용 형태 活用形態

-으려니와 자음으로 끝나는 동사나 형용사의 어간 뒤에 사용한다.
子音で終わる動詞や形容詞の語幹の後ろにつけて使用する。

예 받**으려니와**, 맑**으려니와**

-려니와 모음으로 끝나는 동사나 형용사의 어간 뒤에 사용한다.
母音で終わる動詞や形容詞の語幹の後ろにつけて使用する。

예 지원하**려니와**, 아프**려니와**

이려니와 명사 뒤에 사용한다.
名詞の後ろにつけて使用する。

예 형편**이려니와**, 기회**이려니와**

-었으려니와/았으려니와/였으려니와
과거의 사실을 나타낼 때 동사나 형용사의 어간 뒤에 사용한다.
過去の事実を表すとき動詞や形容詞の語幹の後ろにつけて使用する。

예 허락**했으려니와**, 얕**았으려니와**

예문 例文

❶ 실력도 있으려니와 성실한 평소의 모습이 높은 평가를 받았다.
実力がある上に、日頃の真面目な態度が高く評価された。

❷ 소비자의 불만도 크려니와 회사를 위해서도 개선책이 필요하다고 봅니다.
消費者の不満も大きいし、会社のためにも改善策が必要だと思います。

❸ 시간부족도 문제이려니와 마땅한 대안도 없습니다.
時間も足りないし、これといった対策案もありません。

❹ 미리 주의도 주었으려니와 안전 장비도 챙겨 주었지만 사고가 나고 말았다.
あらかじめ注意もしたし安全装備も揃えてやったが、事故が起きてしまった。

연습 練習 맞는 문장을 고르십시오.
正しい文を選びなさい。

1. 신제품은 품질도 좋으려니와 가격도 그리 비싸지 않을 것이다. ( )

   신제품은 품질도 좋으려니와 가격도 꽤 비쌀 것이다. ( )

2. 그 후보를 지지하려니와 선거 유세도 방해하고 있다. ( )

   그 후보를 지지하려니와 후원도 아끼지 않겠다. ( )

3. 사람들의 달라진 태도도 태도려니와 주변의 비난을 참기 어려웠다. ( )

   사람들의 달라진 태도도 태도려니와 주변의 비난은 상관이 없었다. ( )

064 | -으려야

용법 用法

어떤 의도를 가지고 행동을 하려고 함을 의미하는데 뒤 문장에는 주로 그 의도와 반대되는 상황이 와서 도저히 그렇게 할 수 없음을 나타낸다. '-으려야 -을 수가 없다'의 형태로 쓰인다.
ある意図から行動をしようと思うことを意味する。後半部分には主にその意図と反する状況が来て到底そのようにはできない事を表す。'-으려야 -을 수가 없다'の形態で用いられる。

활용 형태 活用形態

-으려야　자음으로 끝나는 동사의 어간 뒤에 사용한다.
子音で終わる動詞の語幹の後ろにつけて使用する。

예 먹**으려야**

-려야　모음으로 끝나는 동사의 어간 뒤에 사용한다.
母音で終わる動詞の語幹の後ろにつけて使用する。

예 연락하**려야**

예문 例文

❶ 서랍이 뒤죽박죽이어서 열쇠를 찾으려야 찾을 수가 없었다.
引き出しの中がゴチャゴチャしていて鍵を探そうにも探せなかった。

❷ 집값이 치솟아서 집을 사려야 살 수가 없네요.
家の値段が高くなり過ぎて家を買おうにも買えないですね。

❸ 일이 산더미처럼 쌓여서 쉬려야 쉴 수가 있어야지요.
仕事が山のように溜まって休もうにも休めないですよ。

참고 参考

실제 말하기에서는 '-을래야'가 주로 쓰인다.
実際の会話では'-을래야'が主に用いられる。

- 마음의 문을 닫고 있으면 타인을 이해할래야 할 수 없다.
  心の扉を閉ざしていては他人を理解しようにも理解できない。
- 속속 드러나는 사실로 인해 사건의 배후를 덮을래야 덮을 수 없었다.
  続々と明るみになる事実により事件の黒幕を隠そうにも隠しきれなかった。

연습 練習 **'-으려야'를 사용하여 문장을 완성하십시오.**
'-으려야'を使って会話を完成させなさい。

1. 과거의 아픈 기억이 너무 선명해서 ____________________

2. 거짓말을 밥 먹듯이 하는 사람이라서 ____________________

3. 발표해야 할 내용이 너무 길어서 ____________________

065 | -으련마는

용법 用法

어떤 조건이 충족되면 이러이러한 결과가 기대되는데 아쉽게도 그 조건이 충족되지 못하여 기대하는 결과도 이루어질 수 없음을 나타낸다. '-으련만'으로 줄여 쓸 수 있다. 주로 '-으면 -으련마는'의 형태로 쓰인다.

ある条件が充足されたらある結果が期待されるのだが､残念にもその条件が満たされず期待した結果を招くことができないことを表す｡'-으련만'に縮めることができる｡主に'-으면 -으련마는'の形態で用いられる｡

활용 형태 活用形態

-으련마는 자음으로 끝나는 동사나 형용사의 어간 뒤에 사용한다.
子音で終わる動詞や形容詞の語幹の後ろにつけて使用する。

예 잡**으련마는**, 좋**으련마는**

-련마는 모음으로 끝나는 동사나 형용사의 어간 뒤에 사용한다.
母音で終わる動詞や形容詞の語幹の後ろにつけて使用する。

예 만나**련마는**, 간단하**련마는**

이련마는 명사 뒤에 사용한다.
名詞の後ろにつけて使用する。

예 시인**이련마는**, 관계**이련마는**

-었으련마는/았으련마는/였으련마는
과거의 사실을 나타낼 때 동사나 형용사의 어간 뒤에 사용한다.
過去の事実を表すとき動詞や形容詞の語幹の後ろにつけて使用する。

예 채**웠으련마는**, 행복**했으련마는**

예문 例文

❶ 눈이 피곤하지 않으면 더 읽으련마는 더 이상 책을 볼 수 없었다.
目が疲れてなかったらもっと本を読みたかったが､あれ以上は無理だった。

❷ 바람만 없으면 날씨가 제법 포근하련만 바람이 많이 부는구나.
風さえなければ結構気温が暖かいだろうが､風がとても強いんだな。

❸ 그런 허물이 없었다면 좋은 신랑감이련만 아쉬울 따름이에요.
あんな欠点さえなければ良い旦那になりそうだが､残念でならないです。

❹ 솔직히 말했으면 좋았으련마는 거짓말을 해서 일이 커졌다.
正直に言えば良かったのに､嘘をついたから事が大きくなった。

ㅇ

연습 練習 '-으련마는'을 사용하여 대화를 완성하십시오.
'-으련마는'を使って会話を完成させなさい。

1. 가 : 미선 씨 결혼식에 왜 안 오셨어요?
   나 : 몰랐어요. ____________________

2. 가 : 이번 주말에 야유회가 있어요. 선약을 취소하시면 안 될까요?
   나 : ____________________

3. 가 : 요즘 자녀들과의 소통이 어렵다고 상담하는 아버지들이 종종 있다는군요.
   나 : ____________________

꼭~ 알아두기

066 | 으로 말미암아

용법 用法

명사에 붙어 앞 문장의 어떤 현상이나 사물을 원인이나 이유로 하여 뒤 문장의 안 좋은 결과가 생겼음을 나타낼 때 쓴다.
名詞について、ある現象や事物が原因や理由で後ろの好ましくない結果に至ったことを表すときに用いる。

활용 형태 活用形態

으로 말미암아 자음으로 끝나는 명사 뒤에 사용한다.
子音で終わる名詞の後ろにつけて使用する。

예 전쟁**으로 말미암아**

로 말미암아 모음으로 끝나는 명사 뒤에 사용한다.
母音で終わる名詞の後ろにつけて使用する。

예 실패**로 말미암아**

예문 例文

❶ 직원의 작은 실수로 말미암아 회사는 큰 손해를 입었다.
職員の些細なミスによって、会社は大きなダメージを受けた。

❷ 가정교육의 소홀로 말미암아 청소년들의 탈선이 늘고 있어요.
家庭教育の手抜きによって、青少年たちの非行が増えています。

❸ 지구 온난화로 말미암아 기상이변이 속출하고 있습니다.
地球温暖化によって、異常気象が絶えません。

참고 参考

동사나 형용사의 경우 '-음으로 말미암아'의 형태로 쓰인다.
動詞や形容詞の場合'-음으로 말미암아'の形態で用いる。

- 근무 여건이 열악함으로 말미암아 지방근무를 기피하는 경향이 있다.
  勤務条件の劣悪さにより地方勤務を避ける傾向がある。
- 법안이 통과되지 않음으로 말미암아 예정되었던 국책 사업을 시행할 수 없게 되었다.
  法案が通らなかったため予定された国策事業が施行できなくなった。

연습 練習 '으로 말미암아'를 사용하여 문장을 만드십시오.
'으로 말미암아'を使って文を作りなさい。

1. 정치 불안 / 외국인 투자가 감소하고 있다.

➡ ______________________________

2. 짙은 안개 / 고속도로가 마비상태에 빠졌다고 합니다.

➡ ______________________________

3. 예산 부족 / 내년도 복지 혜택이 줄어들 거라는 전망입니다.

➡ ______________________________

067 | 으로 미루어

용법 用法

이미 알고 있는 사실로 다른 것을 헤아려 볼 수 있음을 나타낸다. '으로 미루어 보면', '으로 미루어 볼 때'와 같은 형태로 주로 쓰인다.
既に知っている事実から別のことを推測してみることができることを表す。'으로 미루어 보면', '으로 미루어 볼 때'のような形態で主に用いる。

활용 형태 活用形態

으로 미루어 자음으로 끝나는 명사 뒤에 사용한다.
子音で終わる名詞の後ろにつけて使用する。

예 상황**으로 미루어**

로 미루어 모음으로 끝나는 명사 뒤에 사용한다.
母音で終わる名詞の後ろにつけて使用する。

예 사실**로 미루어**

예문 例文

❶ 여러 가지 일로 미루어 사장님의 신변에 문제가 생겼음에 틀림없다.
いろんなことからして、社長の身に何か異変が起こったに違いない。

❷ 지금까지의 성적으로 미루어 볼 때 희망 학과 지원에는 문제가 없겠습니다.
今までの成績だと、希望学科に志願することは問題ないと思います。

❸ 검사 결과로 미루어 보면 완치 가능성이 매우 높다.
検査結果で判断すると、完治する可能性は極めて高い。

연습 練習 '으로 미루어'를 사용하여 문장을 만드십시오.
'으로 미루어'を使って文を作りなさい。

1. 지금까지의 상황 / 좋은 결과를 기대하기는 어렵겠습니다.

➡ ______________________________

2. 평소의 성격 / 그런 거짓말을 할 리가 없다.

➡ ______________________________

3. 그동안의 주가 변동 상황 / 당분간 하락세가 이어질 것 같다.

➡ ______________________________

068 | 으로 하여금

용법 用法 사람을 나타내는 명사에 붙어 '에게 시키어', '에게 하게 하여'의 뜻을 나타낸다.
人物を表す名詞について'에게 시키어', '에게 하게 하여'の意味を表す。

활용 형태 活用形態

으로 하여금 자음으로 끝나는 명사 뒤에 사용한다.
子音で終わる名詞の後ろにつけて使用する。

예 관객**으로 하여금**

로 하여금 모음으로 끝나는 명사 뒤에 사용한다.
母音で終わる名詞の後ろにつけて使用する。

예 유권자**로 하여금**

예문 例文

❶ 정치 상황이 복잡해짐으로써 대통령으로 하여금 결단을 내리도록 요구하고 있다.
政治状況が複雑になるにつれ、大統領に決断を下すように求めている。

❷ 이 표시는 관람자로 하여금 관람순서를 알게 해 준다.
この印は観覧者に観覧順番が分かるようにしてくれる。

❸ 광고는 보는 이로 하여금 구매 욕구를 일으키게 하는 데 목적이 있다.
CMは視聴者の購買意欲をそそることが目的である。

연습 練習 '으로 하여금'을 사용하여 같은 의미가 되도록 문장을 만드십시오.
'으로 하여금'を使って同じ意味になるよう文を作りなさい。

1. 소비자가 스스로 현명한 판단을 할 수 있게 충분한 정보를 제공해야 한다.

➡ ______________________________

2. 청소년들에게 꿈과 희망을 가질 수 있도록 용기를 주자.

➡ ______________________________

3. 교사들의 행정 업무를 줄여 교사들이 수업 준비에 더욱 충실할 수 있도록 해야 합니다.

➡ ______________________________

069 | -으리라고

용법 用法 의지나 추측을 나타내는 표현으로 결심, 생각, 기대, 예상 등의 내용이 뒤에 이어진다.
意志もしくは推測を表すとき用いる。決心、考え、期待、予想などの内容が後に続く。

활용 형태 活用形態

-으리라고 자음으로 끝나는 동사나 형용사의 어간 뒤에 사용한다.
子音で終わる動詞や形容詞の語幹の後ろにつけて使用する。

예 잡**으리라고**, 밝**으리라고**

-리라고 모음으로 끝나는 동사나 형용사의 어간 뒤에 사용한다.
母音で終わる動詞や形容詞の語幹の後ろにつけて使用する。

예 이루**리라고**, 강하**리라고**

이리라고 명사 뒤에 사용한다.
名詞の後ろにつけて使用する。

예 학생**이리라고**, 손자**이리라고**

-었으리라고/았으리라고/였으리라고
과거의 사실을 나타낼 때 동사나 형용사의 어간 뒤에 사용한다.
過去の事実を表すとき動詞や形容詞の語幹の後ろにつけて使用する。

예 쉬**었으리라고**, 불행**했으리라고**

예문 例文

❶ 올해는 꼭 담배를 끊으리라고 결심했는데 작심삼일이었다.
今年は絶対に禁煙すると決心したが、三日坊主で終わってしまった。

❷ 제가 원하는 회사에 입사하는 건 쉽지 않으리라고 예상하고 있어요.
自分が入りたい会社に入社するのは簡単ではないと思っています。

❸ 한결같은 믿음을 줄 수 있는 사람이리라고 믿고 싶었습니다.
一途な信頼をよせることのできる人であろうと信じたかったです。

❹ 어렵게 얻은 기회를 그렇게 쉽게 포기했으리라고는 생각하지 않았다.
やっと掴めたチャンスをああ簡単に放棄したとは思わなかった。

참고 参考

'-으리라는'의 형태로도 쓰인다.
'-으리라는'の形態でも用いられる。

- 지금의 상황에서 벗어날 수 없으리라는 절망감이 나를 힘들게 했다.
  今の状況から抜け出せないだろうという絶望感が私を苦しめた。
- 내일이 오늘보다 더 나으리라는 희망을 가지고 살아간다.
  明日は今日よりましだろうという希望を持って生きていく。

연습 練習 '-으리라고'를 사용하여 같은 의미가 되도록 문장을 만드십시오.
'-으리라고'を使って同じ意味になるよう文を作りなさい。

1. 새해에는 담배를 끊겠다고 마음먹었다.

   ➡ ____________________

2. 이번 대회에서 우승 소식을 전해줄 것으로 믿고 있습니다.

   ➡ ____________________

3. 재벌가의 일원인 분이 그렇게 검소할 것이라는 생각은 전혀 못 했다.

   ➡ ____________________

070 | -으리만치

용법 用法

앞 문장이 뒤 문장의 상태를 뒷받침해 주는 내용으로 얼마나 그러한지를 나타낸다. '-을 정도로'의 뜻으로 '-으리만큼'과 같은 의미로 쓰인다.

前半部分が後半部分の状態を裏付けてくれる内容で、どれだけそうなのかを表す。'-을 정도로'の意味で'-으리만큼'と同じ意味で用いられる。

활용 형태 活用形態

-으리만치 자음으로 끝나는 동사나 형용사의 어간 뒤에 사용한다.
子音で終わる動詞や形容詞の語幹の後ろにつけて使用する。

예 잊**으리만치**, 싫**으리만치**

-리만치 모음으로 끝나는 동사나 형용사의 어간 뒤에 사용한다.
母音で終わる動詞や形容詞の語幹の後ろにつけて使用する。

예 깨지**리만치**, 지루하**리만치**

-었으리만치/았으리만치/였으리만치
과거의 사실을 나타낼 때 동사나 형용사의 어간 뒤에 사용한다.
過去の事実を表すとき動詞や形容詞の語幹の後ろにつけて使用する。

예 먹어 버**렸으리만치**, 이상**했으리만치**

예문 例文

❶ 밥도 못 먹으리만치 충격이 컸나 봅니다.
食事も受け付けないほどショックが大きかったようです。

❷ 현대의 의학 기술은 놀라우리만치 빠르게 발전하고 있습니다.
現代の医術は驚くほど早いスピードで発展しています。

❸ 지난 시간의 아픔을 잊을 수 있었으리만치 행복한 시간이었다.
それまでの心の傷を忘れられるほど幸せな時間だった。

ㅇ

연습 練習 '-으리만치'를 사용하여 두 문장을 한 문장으로 만드십시오.
'-으리만치'を使って2つの文を1つの文にしなさい。

1. 물도 못 삼키다 / 목이 부었다.

➡ ____________________

2. 잠시도 앉아 있을 수가 없었다 / 많은 손님들로 정신없는 하루였어요.

➡ ____________________

3. 네티즌의 의견들이 정책 결정에 영향을 주다 / 그 힘이 커지고 있다.

➡ ____________________

071 | -으면 그만이다

용법 用法 앞 문장의 내용으로 충분하다거나 그것으로 끝임을 나타낸다.
前の内容で充分だったり、それで終わることを表す。

활용 형태 活用形態

-으면 그만이다 자음으로 끝나는 동사나 형용사의 어간 뒤에 사용한다.
子音で終わる動詞や形容詞の語幹の後ろにつけて使用する。

예 굶**으면 그만이다**, 괜찮**으면 그만이다**

-면 그만이다 모음으로 끝나는 동사나 형용사의 어간 뒤에 사용한다.
母音で終わる動詞や形容詞の語幹の後ろにつけて使用する。

예 모르**면 그만이다**, 깨끗하**면 그만이다**

이면 그만이다 명사 뒤에 사용한다.
名詞の後ろにつけて使用する。

예 성실한 사람**이면 그만이다**, 부자**이면 그만이다**

-었으면/았으면/였으면 그만이다
과거의 사실을 말할 때 동사나 형용사의 어간 뒤에 사용한다.
過去の事実を述べるとき動詞や形容詞の語幹の後ろにつけて使用する。

예 알**았으면 그만이다**, 편**했으면 그만이다**

예문 例文

❶ 우리가 제시한 조건을 수용하지 않는다면 거래를 끊으면 그만이라고 생각합니다.
我々が提示した条件が飲めないなら、取引を中止すれば済むことだと思います。

❷ 배우자감으로 다른 조건은 상관없고 똑똑하면 그만이에요.
配偶者の条件として他はどうでも良くて、賢ければOKです。

❸ 다른 건 몰라도 건강하고 착한 아이이면 그것으로 그만입니다.
とにかく元気で優しい子供であれば、それで十分です。

❹ 몰랐으면 그만이지만 알고도 모른 척 했다면 정말 섭섭한 일이지?
知らなかったら仕方ないけど、知っていて知らないふりしたのなら本当に寂しいよね。

ㅇ

연습 練習 '-으면 그만이다'를 사용하여 대화를 완성하십시오.
'-으면 그만이다'を使って会話を完成させなさい。

1. 가 : 내가 정성껏 준비했지만 선배가 선물을 마음에 들어 할까 모르겠어요.

   나 : ______________________________

2. 가 : 보기 좋은 게 맛도 있다는데 더 예쁘게 담을 걸 그랬나봐.

   나 : ______________________________

3. 가 : 평소 마음에 두고 계시는 며느리 감은 어떤 분인가요?

   나 : ______________________________

072 | -으면 몰라도

용법 用法 어떤 사실에 대해 강한 확신을 나타낼 때 쓰는 표현으로 앞 문장에는 예외적이고 특별한 경우를 가정하는 내용이 온다.
ある事実に対し強い確信を表すときに用いる表現で、前半部分には例外的で特別な場合を仮定する内容が来る。

활용 형태 活用形態

-으면 몰라도 자음으로 끝나는 동사나 형용사의 어간 뒤에 사용한다.
子音で終わる動詞や形容詞の語幹の後ろにつけて使用する。

예 받**으면 몰라도**, 넓**으면 몰라도**

-면 몰라도 모음으로 끝나는 동사나 형용사의 어간 뒤에 사용한다.
母音で終わる動詞や形容詞の語幹の後ろにつけて使用する。

예 오**면 몰라도**, 예쁘**면 몰라도**

이면 몰라도 명사 뒤에 사용한다.
名詞の後ろにつけて使用する。

예 휴일**이면 몰라도**, 공짜**이면 몰라도**

-었으면/았으면/였으면 몰라도
과거의 사실을 나타낼 때 동사나 형용사의 어간 뒤에 사용한다.
過去の事実を表すとき動詞や形容詞の語幹の後ろにつけて使用する。

예 잡**혔으면 몰라도**, 따뜻**했으면 몰라도**

예문 例文

❶ 기적이 일어나면 몰라도 환자를 살리기 힘들 것 같습니다.
奇跡でも起こらない限り、患者を助けることは難しいと思います。

❷ 돈이 없으면 몰라도 어려운 친구를 모른 척 할 수는 없다.
お金がないならまだしも、困っている友だちを見捨てることはできない。

❸ 어른이면 몰라도 그런 어린 아이가 혼자 간다는 건 말이 안 돼요.
大人ならまだしも、あんな幼い子供が一人で行くというのはおかしいです。

❹ 고장 났으면 몰라도 멀쩡한 휴대전화를 왜 또 바꾸니?
故障したのならまだしも、なんでまだ使える携帯電話を買い換えるの。

ㅇ

연습 練習 '-으면 몰라도'를 사용하여 문장을 완성하십시오.
'-으면 몰라도'を使って文を完成させなさい。

1. ______________________ 지금 다니는 회사를 옮길 생각은 없어요.

2. ______________________ 월급쟁이가 그런 비싼 집을 사는 건 정말 불가능해요.

3. ______________________ 굳이 부모님을 모실 이유가 있나요?

073 | -으므로

용법 用法 앞 문장이 뒤 문장의 근거, 원인, 이유가 됨을 나타낸다. 발표나 연설, 글에서 주로 쓰인다.
前半部分が後半部分の根拠、原因、理由になることを表す。発表や演説、文章で主に用いられる。

활용 형태 活用形態

-으므로 자음으로 끝나는 동사나 형용사의 어간 뒤에 사용한다.
子音で終わる動詞や形容詞の語幹の後ろにつけて使用する。

예 찾**으므로**, 높**으므로**

-므로 모음으로 끝나는 동사나 형용사의 어간 뒤에 사용한다.
母音で終わる動詞や形容詞の語幹の後ろにつけて使用する。

예 노력하**므로**, 흐리**므로**

이므로 명사 뒤에 사용한다.
名詞の後ろにつけて使用する。

예 직장인**이므로**, 휴가**이므로**

-었으므로/았으므로/였으므로
과거의 사실을 나타낼 때 동사나 형용사의 어간 뒤에 사용한다.
過去の事実を表すとき動詞や形容詞の語幹の後ろにつけて使用する。

예 받**았으므로**, 멀**었으므로**

-겠으므로 의지나 추측을 나타낼 때 동사나 형용사의 어간 뒤에 사용한다.
意志や推測を表すとき動詞や形容詞の語幹の後ろにつけて使用する。

예 참석하**겠으므로**, 맑**겠으므로**

예문 例文

❶ 다른 학생의 모범이 되므로 이 상장을 드립니다.
他の学生の模範になりますので、この賞状を差し上げます。

❷ 일정이 바뀔 수 있으므로 공지사항을 꼭 확인해 보십시오.
日程が変わる場合がありますので、お知らせを必ずご確認ください。

❸ 외아들이므로 부모님의 큰 기대와 사랑을 받고 자랐다.
一人息子であるゆえ、両親の期待と愛情を受けて育った。

❹ 이제 마칠 시간이 되었으므로 자리를 정리해 주시기 바랍니다.
そろそろ終わる時間ですので、席を片付けてください。

❺ 내일은 비가 오겠으므로 야외활동은 하지 않도록 하겠습니다.
明日は雨が降るので、野外活動はしないようにします。

연습 練習 '-으므로'를 사용하여 두 문장을 한 문장으로 만드십시오.
'-으므로'を使って2つの文を1つの文にしなさい。

1. 과반수이상의 찬성표를 얻었다 / 법안이 통과되었다.

➡ ______________________________

2. 오늘 오후에는 황사가 심하다 / 외출을 삼가시기 바랍니다.

➡ ______________________________

3. 대출금 상환 방법은 여러 가지이다 / 자신의 형편에 맞는 것을 잘 알아 볼 필요가 있다.

➡ ______________________________

074 | 은 고사하고

용법 用法

앞 문장의 내용은 말할 것도 없을 만큼 불가능하거나 어려우며 그것보다 정도가 약한 뒤 문장의 경우라도 쉽지 않다는 의미를 나타낸다.
前の内容は言うまでもなく不可能だったり難しく、それより程度が弱い後半部分の場合でも簡単ではないことを表す。

활용 형태 活用形態

은 고사하고 자음으로 끝나는 명사 뒤에 사용한다.
子音で終わる名詞の後ろにつけて使用する。

예 칭찬**은 고사하고**

는 고사하고 모음으로 끝나는 명사 뒤에 사용한다.
母音で終わる名詞の後ろにつけて使用する。

예 지지**는 고사하고**

예문 例文

❶ 장학금은 고사하고 낙제나 하지 말았으면 좋겠다.
奨学金はともかく、赤点を免れたい。

❷ 보상은 고사하고 미안하다는 말 한 마디조차 하지 않더군요.
補償はおろか、すまないの一言すらなかったです。

❸ 기본 예의는 고사하고 너무 이기적으로 행동해서 참기가 좀 힘들었어요.
基本マナーはおろか、あまりにも行動が自己中心的で我慢するのがすこし大変でした。

참고 参考

동사의 경우에는 '-는 건 고사하고'의 형태로도 쓸 수 있다.
動詞の場合には '-는 건 고사하고'の形態でも用いることができる。

- 제 힘으로 돈을 마련하는 건 고사하고 빌려 오지도 못했다.
  自分の力でお金を工面するのはおろか借りることもできなかった。
- 의원을 만나 부탁하는 건 고사하고 얼굴을 볼 수도 없었다.
  議員に会って頼むのはともかく顔さえ見れなかった。

꼭~ 알아두기

ㅇ

연습 練習 '은 고사하고'를 사용하여 대화를 완성하십시오.
'은 고사하고'を使って会話を完成させなさい。

1. 가 : 형님이 당선을 축하한다는 화환이라도 보냈던가요?

   나 : ______________________________

2. 가 : 이번 프로젝트가 잘 되면 승진하시겠지요?

   나 : 하지만 실패하면 ______________________________

3. 가 : 자녀분들도 다 컸으니 이제 독립시키셔야죠?

   나 : ______________________________

075 | –은 나머지

용법 用法 앞 문장의 상태나 행위가 지나침으로 인해 뒤 문장의 결과가 일어났음을 의미한다.
前半部分の状態もしくは行為が度を超すことにより後半部分の結果が生じることを意味する。

활용 형태 活用形態

–은 나머지 자음으로 끝나는 동사나 형용사의 어간 뒤에 사용한다.
子音で終わる動詞や形容詞の語幹の後ろにつけて使用する。

예 굶**은 나머지**, 깊**은 나머지**

–ㄴ 나머지 모음으로 끝나는 동사나 형용사의 어간 뒤에 사용한다.
母音で終わる動詞や形容詞の語幹の後ろにつけて使用する。

예 과로**한 나머지**, 기**쁜 나머지**

예문 例文

❶ 아버지는 충격을 받은 나머지 그 자리에서 쓰러지셨습니다.
父はショックのあまり、その場で倒れ込みました。

❷ 갑작스러운 질문에 당황한 나머지 아무 대답도 할 수 없었어요.
突然の質問に戸惑ったあまり、何も答えられませんでした。

❸ 너무 화가 난 나머지 소리를 지르며 울어 버렸다.
とても腹が立ったあまり、大声をあげて泣いてしまった。

연습 練習 '–은 나머지'를 사용하여 대화를 완성하십시오.
'–은 나머지'を使って会話を完成させなさい。

1. 가 : 수상 소식을 듣고 눈물을 흘리셨다고 들었습니다.
   나 : 네, ______________________________

2. 가 : 김 과장이 며칠 밤을 새우더니 결국 병원에 입원했다면서요?
   나 : 네, ______________________________

3. 가 : 정말 잠을 자느라 아무 소리도 듣지 못했나요?
   나 : 네, ______________________________

ㅇ

076 | -은 채로

용법 用法

앞 문장의 행위가 이루어진 상태 그대로 뒤 문장의 내용이 발생했음을 나타낸다. 조사 '로'는 생략할 수 있다.
前半部分の行為が成された状態のままで後半部分の内容が発生することを表す。助詞 '로'は省略することができる。

활용 형태 活用形態

-은 채로 자음으로 끝나는 동사의 어간 뒤에 사용한다.
子音で終わる動詞の語幹の後ろにつけて使用する。

예 입**은 채로**

-ㄴ 채로 모음으로 끝나는 동사의 어간 뒤에 사용한다.
母音で終わる動詞の語幹の後ろにつけて使用する。

예 화장**한 채로**

예문 例文

❶ 아이가 너무 피곤한지 의자에 앉은 채로 잠이 들었어요.
子供があまりに疲れたのか、椅子に座ったまま眠ってしまいました。

❷ 무슨 잘못이나 한 듯 고개를 숙인 채 아무 말도 하지 않아요.
何か悪いことでもしたように、頭を下げたまま何もしゃべりません。

❸ 그 남자는 결국 숨진 채 발견되었다.
あの男は結局、遺体で発見された。

연습 練習 **'-은 채로'를 사용하여 대화를 완성하십시오.**
'-은 채로'を使って会話を完成させなさい。

1. 가 : 밤에도 너무 더운데 선풍기를 켜 놓고 자면 안 되나요?

   나 : 안 돼요. ______________________________

2. 가 : 사건 현장에서 발견된 피해자의 상태는 어땠습니까?

   나 : ______________________________

3. 가 : 옆집 아이가 가출을 했다는 게 사실이야? 아무 연락도 없었대?

   나 : ______________________________

077 | -은들

용법 用法

어떤 상황을 가정하여 인정한다고 해도 그 결과가 예상이나 기대와 다름을 나타낸다. 주로 '-은들 -겠어요?'의 형태로 쓴다.
ある状況を仮定し認めるとしても、その結果が予想や期待と異なることを表す。主に'-은들 -겠어요?'の形態で用いる。

활용 형태 活用形態

-은들 자음으로 끝나는 동사나 형용사의 어간 뒤에 사용한다.
子音で終わる動詞や形容詞の語幹の後ろにつけて使用する。

예 잡**은들**, 좋**은들**

-ㄴ들 모음으로 끝나는 동사나 형용사의 어간 뒤에 사용한다.
母音で終わる動詞や形容詞の語幹の後ろにつけて使用する。

예 때**린들**, 비**싼들**

인들 명사 뒤에 사용한다.
名詞の後ろにつけて使用する。

예 대통령**인들**, 누구**인들**

예문 例文

❶ 사람 마음이 아무리 넓은들 그런 일을 이해할 수는 없을 거예요.
人の心がどんなに広くても、あんなことを理解することは出来ないでしょう。

❷ 지금 그 사람이 온들 무슨 소용이 있겠어요?
今あの人が来たとしても、何の意味があるでしょうか。

❸ 세상에 어느 부모인들 자식을 위하는 마음이 없겠습니까?
世の中のどんな親だって、子供を思う心がないわけないでしょう。

연습 練習 '-은들'을 사용하여 같은 의미가 되도록 문장을 만드십시오.
'-은들'を使って同じ意味になるよう文を作りなさい。

1. 아무리 재산이 많아도 돈으로 행복을 살 수는 없어요.

➡ ______________________________

2. 진심으로 사과한다고 해도 그 사람 마음을 돌리기는 어려울 거예요.

➡ ______________________________

3. 부모라고 해도 자식을 자기 뜻대로 할 수 없습니다.

➡ ______________________________

078 | -을 대로

용법 用法

같은 동사나 형용사를 반복하여 어떤 상태가 매우 심함을 나타낸다. 주로 '-을 대로 -어서'의 형태로 쓰이며 부정적인 내용에 사용된다.

同じ動詞もしくは形容詞を繰り返し用い程度がとても強いことを表す。主に'-을 대로 -어서'の形態で否定的な内容に用いられる。

활용 형태 活用形態

-을 대로 자음으로 끝나는 동사나 형용사의 어간 뒤에 사용한다.
子音で終わる動詞や形容詞の語幹の後ろにつけて使用する。

예 닳**을 대로**, 낡**을 대로**

-ㄹ 대로 모음으로 끝나는 동사나 형용사의 어간 뒤에 사용한다.
母音で終わる動詞や形容詞の語幹の後ろにつけて使用する。

예 **될 대로**, 미**칠 대로**

예문 例文

❶ 이번 사건을 통해 썩을 대로 썩은 교육계 비리가 그대로 드러났다.
今回の事件で、腐りきった教育界の不正がそのまま露になった。

❷ 오랜 도피 생활로 그의 몸은 약해질 대로 약해져 버렸다.
長い逃亡生活で彼の体は弱りきっていた。

❸ 평소에 안 하던 화장까지 하는 걸 보니 신이 날 대로 났네.
普段しない化粧までしているから、とてもウキウキしているね。

연습 練習 '-을 대로'를 사용하여 같은 의미가 되도록 문장을 만드십시오.
'-을 대로'を使って同じ意味になるよう文を作りなさい。

1. 그는 도시 생활에 너무 지쳐서 시골로 내려가기로 결심했다.

➡ ____________________

2. 계속되는 실패로 연구에 대한 애정이 완전히 식어 버렸습니다.

➡ ____________________

3. 잦은 부부싸움으로 인해 둘의 관계는 돌이킬 수 없을 만큼 악화되었다.

➡ ____________________

꼭~ 알아두기

079 | –을 따름이다

용법 用法

어떤 행위나 상태가 의미하는 것이 전부이며, 그 외에 다른 가능성이나 상황은 없음을 나타낸다. '–을 뿐이다'와 유사한 의미로 쓰인다.

ある行為や状態が意味することが全てであり､それ以外に異なる可能性や状況は無いことを表す｡'–을 뿐이다'と類似した意味で用いられる。

활용 형태 活用形態

–을 따름이다 자음으로 끝나는 동사나 형용사의 어간 뒤에 사용한다.
子音で終わる動詞や形容詞の語幹の後ろにつけて使用する。

예 믿**을 따름이다**, 귀찮**을 따름이다**

–ㄹ 따름이다 모음으로 끝나는 동사나 형용사의 어간 뒤에 사용한다.
母音で終わる動詞や形容詞の語幹の後ろにつけて使用する。

예 따를 **따름이다**, 기**쁠 따름이다**

일 따름이다 명사 뒤에 사용한다.
名詞の後ろにつけて使用する。

예 계획**일 따름이다**, 부모**일 따름이다**

–었을/았을/였을 따름이다
과거의 사실을 나타낼 때 동사나 형용사의 어간 뒤에 사용한다.
過去の事実を表すとき動詞や形容詞の語幹の後ろにつけて使用する。

예 마**셨을 따름이다**, 답답**했을 따름이다**

예문 例文

❶ 정신 수행을 위해 마음을 비우고 책만 붙들고 있을 따름이다.
精神修行の為に､邪念を捨てて本を読むばかりである。

❷ 자신의 뜻을 펼쳐 보지도 못한 것이 그저 안타까울 따름입니다.
自分の志を実現することもできず､残念に思うばかりです。

❸ 아무리 위대한 성인이라도 죽음 앞에서는 한 인간일 따름이다.
どんなに偉大な聖人でも､死を前にしては一人の人間にすぎない。

❹ 뭘요, 그냥 저는 제가 해야 할 일을 했을 따름인데요.
いえいえ､ただ私は自分のやるべきことをやったまでです。

연습 練習 '-을 따름이다'를 사용하여 대화를 완성하십시오.
'-을 따름이다'を使って会話を完成させなさい。

1. 가 : 지진 피해 현장에서 열흘 만에 구출된 아기 뉴스 들으셨어요?

   나 : 네, ______________________________

2. 가 : 아니, 허락도 없이 일을 진행시키면 어떡합니까?

   나 : 저희는 그런 줄 몰랐습니다. ______________________________

3. 가 : 수해 피해 복구에 고생이 많으시지요? 저희들도 도움이 되고 싶습니다.

   나 : 정말이세요? ______________________________

ㅇ

꼭~ 알아두기

080 | -을 리가 없다

용법 用法 사실이 아니거나 그럴 가능성이 전혀 없음을 나타낸다. 조사 '가'는 생략할 수 있다.
事実ではない、或はその可能性が全く無いことを表す。助詞'가'は省略できる。

활용 형태 活用形態

-을 리가 없다 자음으로 끝나는 동사나 형용사의 어간 뒤에 사용한다.
子音で終わる動詞や形容詞の語幹の後ろにつけて使用する。

예 먹**을 리가 없다**, 싫**을 리가 없다**

-ㄹ 리가 없다 모음으로 끝나는 동사나 형용사의 어간 뒤에 사용한다.
母音で終わる動詞や形容詞の語幹の後ろにつけて使用する。

예 **갈 리가 없다**, 나**쁠 리가 없다**

일 리가 없다 명사 뒤에 사용한다.
名詞の後ろにつけて使用する。

예 주인**일 리가 없다**, 남자**일 리가 없다**

-었을/았을/였을 리가 없다
과거의 사실을 나타낼 때 동사나 형용사의 어간 뒤에 사용한다.
過去の事実を表すとき動詞や形容詞の語幹の後ろにつけて使用する。

예 찾**았을 리가 없다**, 흔**했을 리가 없다**

예문 例文

❶ 그렇게 좋았던 사이인데 갑자기 연락을 끊을 리가 없어요.
あんなに仲良かったのに、いきなり連絡を絶つわけがありません。

❷ 그럴 리가 없어요. 분명히 문이 잠겨 있었거든요.
そんなわけありません。間違いなく鍵が閉っていましたので。

❸ 저렇게 착하고 순진한 사람이 범인일 리가 없어요.
あんなに優しくて純粋な人が犯人であるわけがないです。

❹ 얼마 전까지도 멀쩡했던 사람이 갑자기 죽었을 리가 없습니다.
ついこの間まで元気だった人が、いきなり死ぬわけがありません。

참고 参考

'있다'를 사용하여 반어적인 의문문 형태로 같은 의미를 나타낼 수 있다.
'있다'を使用し反語的な疑問文の形態で同じ意味を表すことができる。

- 그렇게 놀기만 했으니 시험에 합격할 리가 있니?
  そんなに遊んでばかりで試験に合格できるわけないよ。
- 심한 모욕을 당했는데 괜찮을 리가 있겠어요?
  ひどい侮辱を受けたのに大丈夫なわけないでしょう。

연습 練習 '-을 리가 없다'를 사용하여 대화를 완성하십시오.
'-을 리가 없다'を使って会話を完成させなさい。

1. 가 : 김 부장님이 이번 계약에서 큰 실수를 하셔서 책임을 지고 회사를 그만두신다고 하네요.
   나 : 정말이에요? ______________________. 얼마나 철저히 준비하셨는데요.
2. 가 : 죄송합니다만 명단에 성함이 없습니다.
   나 : ______________________. 다시 한 번 확인해 보세요.
3. 가 : 진짜 오랜만이다. 나 초등학교 때 네 짝이었는데 기억해?
   나 : 그럼. 우리 반 최고 말썽꾸러기였는데 ______________________

081 | 을 무릅쓰고

용법 用法 어려운 상황이나 조건을 참고 견뎌냄을 의미한다.
困難な状況や条件を耐え忍ぶことを意味する。

활용 형태 活用形態

을 무릅쓰고 자음으로 끝나는 명사 뒤에 사용한다.
子音で終わる名詞の後ろにつけて使用する。

예 위험**을 무릅쓰고**

를 무릅쓰고 모음으로 끝나는 명사 뒤에 사용한다.
母音で終わる名詞の後ろにつけて使用する。

예 악천후**를 무릅쓰고**

예문 例文

❶ 대다수 국민들의 비난을 무릅쓰고 새 법안을 통과시켰다.
大多数の国民の非難をものともせず､新しい法案を通過させた。

❷ 부모님의 반대를 무릅쓰고 유학을 떠났습니다.
親の反対を押しきって､留学に行きました。

❸ 전장에선 죽음을 무릅쓰고 작전을 수행해야 할 때도 있다.
戦場では死を覚悟の上で､作戦を遂行しなければならない時もある。

꼭~ 알아두기

연습 練習 '을 무릅쓰고'를 사용하여 같은 의미가 되도록 문장을 만드십시오.
'을 무릅쓰고'を使って同じ意味になるよう文を作りなさい。

1. 장애가 있다는 어려운 조건에서도 열심히 노력하여 수석의 영광을 차지했다.

➡ ______________________________

2. 살을 에는 추위에도 불구하고 정상까지 험난한 길을 걸어갔다.

➡ ______________________________

3. 사람들에게 수모를 당할 것을 알면서도 기자회견장에 나왔대요.

➡ ______________________________

꼭~ 알아두기

ㅇ

082 | -을 바에

용법 用法

앞 문장의 일이 뒤 문장에서 말하는 일보다 못하다고 여겨 뒤 문장의 내용을 선택함을 나타낸다. 주로 '-을 바에는', '-을 바에야'의 형태로 '차라리', '아예' 등의 부사와 함께 쓰는 경우가 많다.

前半部分のことが後半部分で述べることより劣っていると考え後半部分の内容を選択することを表す。主に'-을 바에는', '-을 바에야'の形態で'차라리', '아예'等の副詞と共に用いる場合が多い。

활용 형태 活用形態

-을 바에 자음으로 끝나는 동사의 어간 뒤에 사용한다.
子音で終わる動詞の語幹の後ろにつけて使用する。

예 받**을 바에**

-ㄹ 바에 모음으로 끝나는 동사의 어간 뒤에 사용한다.
母音で終わる動詞の語幹の後ろにつけて使用する。

예 기다**릴 바에**

예문 例文

❶ 도와주지 못할 바에 아예 참견을 하지 마세요.
助けられないなら､はなから口出ししないでください。

❷ 국내로 여행을 갈 바에야 차라리 그냥 집에 있을래요.
国内旅行をするぐらいなら､いっそ家から出かけないようにします。

❸ 자존심을 버리고 도움을 받을 바에는 차라리 굶어 죽는 게 낫다.
プライドを捨ててまで助けてもらうぐらいなら､いっそ飢え死んだほうがマシだ。

연습 練習 '–을 바에'를 사용하여 문장을 완성하십시오.
'–을 바에'を使って文を完成させなさい。

1. ________________________________ 혼자 살 거예요.

2. ________________________________ 아예 시작도 하지 마세요.

3. ________________________________ 더워도 집에서 휴가를 보내는 게 낫겠다.

083 | –을 법하다

용법 用法

어떤 상황이나 사실에 대해 말하는 사람이 그럴 만하다고 판단함을 나타낸다. '–을 법도 하다'의 형태로 조사 '도'와 함께 써서 강조하기도 한다.
話者がある状況や事実に対し十分ありうると判断することを表す。'–을 법도 하다'の形態で助詞'도'と共に用いると強調になる。

활용 형태 活用形態

–을 법하다 자음으로 끝나는 동사나 '있다'의 어간 뒤에 사용한다.
子音で終わる動詞や'있다'の語幹の後ろにつけて使用する。

예 웃**을 법하다**, 있**을 법하다**

–ㄹ 법하다 모음으로 끝나는 동사의 어간 뒤에 사용한다.
母音で終わる動詞の語幹の後ろにつけて使用する。

예 따라**갈 법하다**

–었을/았을/였을 법하다
과거의 완료된 사실을 나타낼 때 동사의 어간 뒤에 사용한다.
過去の完了した事実を表すとき動詞の語幹の後ろにつけて使用する。

예 다 외**웠을 법하다**

예문 例文

❶ 실적이 좋아서 보너스가 나올 법한데 소식이 없다.
実績が良いからボーナスが当然出ると思うが話がない。

❷ 그렇게 거짓말을 잘하니 사람들이 속을 법도 하지요.
そんなに嘘つくのがうまいから、人が騙されるのも無理ありません。

❸ 그 많은 청중들 앞에서 떨렸을 법한데 의외로 침착했어요.
あんな大勢の聴衆を前にして震え上がって当たり前ですが、意外と落ち着いていました。

연습 練習 '-을 법하다'를 사용하여 대화를 완성하십시오.
'-을 법하다'を使って会話を完成させなさい。

1. 가 : 세일을 70%나 했는데 여전히 손님이 뜸하네요.

   나 : ________________________ 경기가 나쁘긴 나쁜가 봐요.

2. 가 : 올림픽을 앞두고 국가대표 선수들은 더운 날씨에도 훈련에 여념이 없대요.

   나 : ________________________ 의지가 대단하네요.

3. 가 : 최종 합격자 명단에 미선 씨 이름이 없었다면서요?

   나 : 그러게요. ________________________

084 | –을 여지가 없다

용법 用法

무슨 일을 할 때 더 이상 희망이나 가능성이 없음을 나타낸다. 또한 '–을 여지가 있다'의 형태로 가능성이나 희망이 있음을 나타낸다.
何かをするときそれ以上希望や可能性が無いことを表す。又は'–을 여지가 있다'の形態で可能性や希望があることを表す。

활용 형태 活用形態

–을 여지가 없다 자음으로 끝나는 동사의 어간 뒤에 사용한다.
子音で終わる動詞の語幹の後ろにつけて使用する。

예 들**을 여지가 없다**

–ㄹ 여지가 없다 모음으로 끝나는 동사의 어간 뒤에 사용한다.
母音で終わる動詞の語幹の後ろにつけて使用する。

예 더 생각**할 여지가 없다**

예문 例文

❶ 그런 행동은 의심받을 여지가 있지 않을까?
あんな行為は疑われる余地があるのではないか。

❷ 이 의견은 전혀 고려할 여지가 없는 것으로 판단된다.
この意見はまったく考える余地がないと判断する。

❸ 그 지역은 더 이상 개발할 여지가 남아 있지 않습니다.
その地域はそれ以上開発の余地がありません。

참고 参考

명사에 붙어 '의 여지가 있다/없다'의 형태로도 쓴다.
名詞について'의 여지가 있다/없다'の形態で用いる。

- 어처구니없는 실수였기에 변명의 여지가 없어 보였다.
  とんでもないミスだったので弁明の余地がないと思われた。
- 이 문제에 관해서는 더 이상 논의의 여지가 있을 수 없다.
  この問題に関してはこれ以上話し合いの余地があり得ない。

연습 練習 '-을 여지가 없다'를 사용하여 대화를 완성하십시오.
'-을 여지가 없다'を使って会話を完成させなさい。

1. 가 : 다시 한 번 이 제안서를 검토해 주시면 안 될까요?

   나 : ______________________________

2. 가 : 이 방법밖에 다른 방법이 없었습니까?

   나 : ______________________________

3. 가 : 자신의 잘못을 깨닫도록 한번만 더 기회를 주시지요.

   나 : 글쎄요. ______________________________

085 | -을 지경이다

용법 用法 어떤 상황이 지나쳐 그럴 형편이나 그럴 정도임을 나타낸다.
ある状況が度を越えた為､そのような状態や程度になったことを表す。

활용 형태 活用形態

-을 지경이다 자음으로 끝나는 동사나 형용사의 어간 뒤에 사용한다.
子音で終わる動詞や形容詞の語幹の後ろにつけて使用する。

예 죽**을 지경이다**, 귀찮**을 지경이다**

-ㄹ 지경이다 모음으로 끝나는 동사나 형용사의 어간 뒤에 사용한다.
母音で終わる動詞や形容詞の語幹の後ろにつけて使用する。

예 부러**질 지경이다**, 시**릴 지경이다**

예문 例文

❶ 너무 다리가 아파서 서 있기조차 힘이 들 지경이었어.
足が疲れすぎて立っていることすら大変な状態だったよ。

❷ 앞뒤가 꽉 막힌 사람이라 말이 안 통해서 미칠 지경이에요.
まったく融通が利かない人だから､話が通じなくて頭がおかしくなりそうです。

❸ 극심한 가뭄으로 이곳 주민들도 먹고 살기 어려울 지경입니다.
とても酷い干ばつでここの住民たちも食べるに事欠く状態です。

연습 練習 '-을 지경이다'를 사용하여 같은 의미가 되도록 문장을 만드십시오.
'-을 지경이다'を使って同じ意味になるよう文を作りなさい。

1. 인원이 부족해 지금 수고하시는 분들이 몸살이 날 형편입니다.

➡ ____________________

2. 예상보다 돈이 많이 들어 어떻게 마련할까 고민하다 보니 머리가 빠질 정도네요.

➡ ____________________

3. 몇 시간째 계속되는 행군에 다리도 아프고 목도 말라서 쓰러질 것 같다.

➡ ____________________

086 | -을 턱이 없다

용법 用法

그렇게 되어야 할 까닭이 없음을 나타낸다. '있다'를 쓰는 경우에는 '-을 턱이 있어요?'와 같은 의문문 형태로 쓰여 반어적인 의미를 표현한다.
そのようになるわけが無いことを表す。'있다'を用いる場合には'-을 턱이 있어요?'のような疑問文の形態で使われ反語的な意味を表現する。

활용 형태 活用形態

-을 턱이 없다 자음으로 끝나는 동사나 형용사의 어간 뒤에 사용한다.
子音で終わる動詞や形容詞の語幹の後ろにつけて使用する。

예 웃**을 턱이 없다**, 좋**을 턱이 없다**

-ㄹ 턱이 없다 모음으로 끝나는 동사나 형용사의 어간 뒤에 사용한다.
母音で終わる動詞や形容詞の語幹の後ろにつけて使用する。

예 이**길 턱이 없다**, 기**쁠 턱이 없다**

-었을/았을/였을 턱이 없다
과거의 완료된 사실을 나타낼 때 동사나 형용사의 어간 뒤에 사용한다.
過去の完了した事実を表すとき動詞や形容詞の語幹の後ろにつけて使用する。

예 다 **했을 턱이 없다**, 예**뻤을 턱이 없다**

예문 例文

❶ 그동안 준 혜택을 생각하면 우리와 거래를 끊을 턱이 없지요.
今まで便宜を図ってあげたことを考えると、我々と取引をやめるわけがないでしょう。

❷ 그렇게 무리를 했으니 안 아플 턱이 있겠어요?
あんなに無理したから、具合が悪くならないわけがないでしょう。

❸ 그 짧은 시간에 작품을 완성했을 턱이 없습니다.
あんな短時間で作品を仕上げたはずがありません。

연습 練習 '-을 턱이 없다'를 사용하여 문장을 완성하십시오.
'-을 턱이 없다'を使って文を完成させなさい。

1. 그렇게 공부를 안 했으니 ________________

2. 아무도 말해 주지 않았으니 ________________

3. 평소에도 준비성이 없었으니 ________________

ㅇ

087 | -을까마는

용법 用法

추측한 앞 문장의 내용을 인정하면서 뒤 문장에는 그것과 상반되거나 강조되는 내용이 온다. '-겠냐마는'과 유사한 의미로 쓰인다.
推測した前半部分の内容を認めながらも後半部分にはそれと相反する内容､あるいは強調する内容がが来る｡'-겠냐마는'と類似した意味で使われる。

활용 형태 活用形態

-을까마는
자음으로 끝나는 동사나 형용사의 어간 뒤에 사용한다.
子音で終わる動詞や形容詞の語幹の後ろにつけて使用する。

예 웃**을까마는**, 좋**을까마는**

-ㄹ까마는
모음으로 끝나는 동사나 형용사의 어간 뒤에 사용한다.
母音で終わる動詞や形容詞の語幹の後ろにつけて使用する。

예 따라**갈까마는**, 슬**플까마는**

일까마는
명사 뒤에 사용한다.
名詞の後ろにつけて使用する。

예 학생**일까마는**, 대표**일까마는**

-었을까마는/았을까마는/였을까마는
과거의 사실을 나타낼 때 동사나 형용사의 어간 뒤에 사용한다.
過去の事実を表すとき動詞や形容詞の語幹の後ろにつけて使用する。

예 외**웠을까마는**, 소홀**했을까마는**

예문 例文

❶ 덥지 않은 여름이 있을까마는 그 해 여름은 정말 더웠다.
暑くない夏なんてあり得ないと思うが､あの年の夏は本当に暑かった。

❷ 유학생활이 오죽 외로울까마는 잘 견뎌내고 있는 듯합니다.
留学生活はさぞかし寂しいと思いますが､良く我慢しているようです。

❸ 설마 아이의 말이 거짓일까마는 확인을 하지 않을 수도 없었다.
まさか子供の話が嘘とは思わないが､確認しないわけにもいかなかった。

❹ 선량한 눈빛을 한 사람이 그런 짓을 했을까마는 알 수 없는 게 사람 아닌가?
優しい目をした人があんなことをするとは思わないが､人というのは分からないものではないか。

연습 練習 '-을까마는'을 사용하여 두 문장을 한 문장으로 만드십시오.
'-을까마는'を使って2つの文を1つの文にしなさい。

1. 누군들 제 자식이 예쁘지 않다 / 지나치면 해가 되는 법이다.

➡ ______________________________

2. 본 사람이 아무도 없다 / 목격자는 아직 나타나지 않고 있습니다.

➡ ______________________________

3. 사장님이 지시한 일을 여태 하지 않았다 / 확인해 보는 게 좋겠지요.

➡ ______________________________

088 | –을라치면

용법 用法

과거에 경험한 사실을 조건으로 삼을 때 으레 뒤의 상황이 일어남을 나타낸다. 명사와 함께 '이라도 –을라치면'의 형태로 많이 쓰인다.
過去に経験した事実を条件とするときに必ず後半部分の状況が起こることを表す。名詞と共に'이라도 –을라치면'の形態で多く用いられる。

활용 형태 活用形態

–을라치면 자음으로 끝나는 동사의 어간 뒤에 사용한다.
子音で終わる動詞の語幹の後ろにつけて使用する。

예 찍**을라치면**

–ㄹ라치면 모음으로 끝나는 동사의 어간 뒤에 사용한다.
母音で終わる動詞の語幹の後ろにつけて使用する。

예 만**날라치면**

예문 例文

❶ 조용히 책이라도 읽을라치면 모기가 윙윙거려 신경을 거스릅니다.
静かに本でも読もうとすると蚊の鳴く音が気に障ります。

❷ 피곤해서 잠시 낮잠이라도 잘라치면 아기가 깨서 운다.
疲れて少し昼寝でもしようとすると子供が起きて泣き出す。

❸ 모처럼 휴일에 등산이라도 갈라치면 꼭 비가 오더라고요.
せっかく休みの日に山でも登ろうすると、その日に限って必ず雨が降ったりしますね。

연습 練習 '-을라치면'을 사용하여 같은 의미가 되도록 문장을 만드십시오.
'-을라치면'を使って同じ意味になるよう文を作りなさい。

1. 엄마 몰래 친구들을 만나려고 하면 늘 길에서 엄마를 만나요.

➡ ____________________

2. 모처럼 일찍 퇴근하려고 하면 꼭 술 약속이 생겨 아내에게 미안하다.

➡ ____________________

3. 저도 한 마디 하려고 하면 그때마다 다른 친구가 먼저 말해 버려서 속상해요.

➡ ____________________

089 | -을락 말락 하다

용법 用法 어떤 일이 거의 다 일어나려다 말거나 그런 정도에 가까움을 나타낸다.
あることがほぼ起こりかけたり、それに近いことを表す。

활용 형태 活用形態

-을락 말락 하다 자음으로 끝나는 동사의 어간 뒤에 사용한다.
子音で終わる動詞の語幹の後ろにつけて使用する。

예 죽**을락 말락 하다**

-ㄹ락 말락 하다 모음으로 끝나는 동사의 어간 뒤에 사용한다.
母音で終わる動詞の語幹の後ろにつけて使用する。

예 보**일락 말락 하다**

예문 例文

❶ 아기의 손이 닿을락 말락 하는 곳에 유리잔이 놓여 있더구나.
赤ちゃんの手がやっと届きそうなところにグラスが置かれていたよ。

❷ 무슨 말을 할락 말락 하다가 그냥 가 버렸습니다.
何か喋ろうとする素振りを見せて、そのまま行ってしまいました。

❸ 기억이 날락 말락 할 만큼 세월이 많이 흘렀네요.
記憶があやふやな程永い歳月が流れましたね。

연습 練習 '-을락 말락 하다'를 사용하여 두 문장을 한 문장으로 만드십시오.
'-을락 말락 하다'を使って2つの文を1つの文にしなさい。

1. 서먹서먹했던 아이들이 겨우 친해지다 / 일정이 끝나 버려서 아쉬워요.

➡ ____________________

2. 두 사람은 무슨 비밀 얘기를 하는지 들리다 / 작은 소리로 속삭였습니다.

➡ ____________________

3. 주변이 소란스러워지니 아기가 잠이 깨다 / 자꾸 뒤척이고 있네요.

➡ ____________________

090 | –을망정

용법 用法

앞 문장의 부정적인 내용과 대조되는 사실을 강조함을 나타낸다. '비록 그러하다고 하여도 그러나'의 뜻이다. '–을지언정'과 유사한 의미로 쓰인다.
前半部分の否定的な内容と対照する事実を強調することを表す。'비록 그러하다고 하여도 그러나'の意味である。'–을지언정'と類似した意味として用いられる。

활용 형태 活用形態

–을망정
자음으로 끝나는 동사나 형용사의 어간 뒤에 사용한다.
子音で終わる動詞や形容詞の語幹の後ろにつけて使用する。

예 잡**을망정**, 좁**을망정**

–ㄹ망정
모음으로 끝나는 동사나 형용사의 어간 뒤에 사용한다.
母音で終わる動詞や形容詞の語幹の後ろにつけて使用する。

예 모**를망정**, 아**플망정**

일망정
명사 뒤에 사용한다.
名詞の後ろにつけて使用する。

예 지나간 일**일망정**, 철없는 아이**일망정**

–었을망정/았을망정/였을망정
과거의 사실을 나타낼 때 동사나 형용사의 어간 뒤에 사용한다.
過去の事実を表すとき動詞や形容詞の語幹の後ろにつけて使用する。

예 버**렸을망정**, 달**랐을망정**

예문 例文

❶ 얼어 죽을망정 다시는 집으로 돌아가지 않을 겁니다.
凍え死んだとしても、二度と家には帰りません。

❷ 몸은 비록 떠날망정 마음만은 항상 그대 곁에 있겠습니다.
たとえ体は離れても、心は常にあなたの側にいます。

❸ 작은 학교일망정 역사와 전통이 깊은 학교예요.
小さくても歴史と伝統のある学校です。

❹ 비록 잘못을 했을망정 친구를 위한 선의에서 비롯된 일이니 용서를 해 줍시다.
過ちを犯したけれども、友だちのために良かれと思ってやったことなので許してあげましょう。

연습 練習 '-을망정'을 사용하여 같은 의미가 되도록 문장을 만드십시오.
'-을망정'を使って同じ意味になるよう文を作りなさい。

1. 나이가 어릴지라도 그 아이 나름대로 생각한 것이 있을 테니 들어봐야지.

➡ ______________________________

2. 시험에 떨어졌다고 해도 그리 낙심할 상황은 아니다.

➡ ______________________________

3. 불우한 어린 시절이었다고 해도 잠깐씩 웃으며 떠올릴 순간이 없는 건 아니다.

➡ ______________________________

091 | -을뿐더러

용법 用法 어떤 사실, 상황에 더하여 다른 사실, 상황이 있음을 나타낸다. 보통 뒤의 상황이 더 심각하거나 정도가 더한 경우가 많다. '-을 뿐만 아니라'와 유사한 의미로 쓰인다.
ある事実、状況に加えて別の事実、状況があることを表す。通常後半部分の状況がより深刻であったり程度が強い場合が多い。'-을 뿐만 아니라'と類似した意味で用いられる。

활용 형태 活用形態

-을뿐더러 자음으로 끝나는 동사나 형용사의 어간 뒤에 사용한다.
子音で終わる動詞や形容詞の語幹の後ろにつけて使用する。

예 믿**을뿐더러**, 같**을뿐더러**

-ㄹ뿐더러 모음으로 끝나는 동사나 형용사의 어간 뒤에 사용한다.
母音で終わる動詞や形容詞の語幹の後ろにつけて使用する。

예 요구**할뿐더러**, 다**를뿐더러**

일뿐더러 명사 뒤에 사용한다.
名詞の後ろにつけて使用する。

예 공간**일뿐더러**, 시인**일뿐더러**

-었을뿐더러/았을뿐더러/였을뿐더러
과거의 사실을 나타낼 때 동사나 형용사의 어간 뒤에 사용한다.
過去の事実を表すとき動詞や形容詞の語幹の後ろにつけて使用する。

예 웃**었을뿐더러**, **쌌을뿐더러**

예문 例文

❶ 칭찬은 받는 이에게 힘이 될뿐더러 자긍심을 갖게 해 준다.
誉められることは人にとって力になる上に、誇りを持たせてくれる。

❷ 이 가방은 값이 저렴할뿐더러 품질도 손색이 없다는 평이다.
このカバンは価格が手頃な上に、品質にも遜色がないと評価される。

❸ 동성결혼을 찬성하는 사람들은 극소수일뿐더러 아직 우리 사회에서는 받아들이기 어려운 게 현실이다.
同性結婚を賛成する人はごく少数であり、まだこの社会では受け入れ難いのが現実である。

❹ 그 시간에 사건 현장에 가지 않았을뿐더러 거기가 어딘지도 모릅니다.
その時間に事件現場に行ってないし、そもそもそこがどこだかも知りません。

연습 練習 '-을뿐더러'를 사용하여 두 문장을 한 문장으로 만드십시오.
'-을뿐더러'を使って2つの文を1つの文にしなさい。

1. 이번에 나온 신제품은 별로 달라진 것이 없다 / 값만 비싸졌다.

➡ ______________________________

2. 연극은 사람들에게 재미와 감동을 준다 / 메말라가는 감성을 되살아나게 해준다.

➡ ______________________________

3. '청소년 쉼터'는 방황하는 아이들에게 제공되는 숙소이다 / 조언자를 만날 수 있는 상담의 공간이기도 하다.

➡ ______________________________

092 | –을세라

용법 用法 뒤 문장의 행위에 대한 이유나 근거로서 앞 문장의 상황이 혹시 그렇게 될까 봐 걱정함을 나타낸다. '–을까 봐'와 유사한 의미이다.
前半部分が表す状況に対する心配から後半部分の行為が行われることを意味する。'–을까 봐'と類似した意味である。

활용 형태 活用形態

–을세라 자음으로 끝나는 동사의 어간 뒤에 사용한다.
子音で終わる動詞の語幹の後ろにつけて使用する。

예 젖**을세라**

–ㄹ세라 모음으로 끝나는 동사의 어간 뒤에 사용한다.
母音で終わる動詞の語幹の後ろにつけて使用する。

예 뒤**질세라**

–었을세라/았을세라/였을세라
과거의 완료된 사실을 나타낼 때 동사의 어간 뒤에 사용한다.
過去の完了した事実を表すとき動詞の語幹の後ろにつけて使用する。

예 끝**났을세라**

예문 例文

❶ 행여 누가 들을세라 화장실에서 혼자 운 적도 있어요.
ひょっとしたら誰かに聞こえるかも知れないと、トイレで一人泣いたこともあります。

❷ 불면 날아갈세라 애지중지 키운 자식인데 떠나보내려니 섭섭합니다.
吹くと飛んでいくのではないかと、それは大切に育てた我が子なので出て行くとなると悲しいです。

❸ 얼굴에 물감이 묻었을세라 거울을 수시로 보고 있는데요.
顔に絵の具がついたかも知れないので、ときどき鏡を見ています。

꼭~ 알아두기

ㅇ

연습 練習 '–을세라'를 사용하여 같은 의미가 되도록 문장을 만드십시오.
'–을세라'を使って同じ意味になるよう文を作りなさい。

1. 혹시 선생님의 말 한마디라도 놓칠까 봐 학생들 모두 열중해서 듣는다.

➡ ______________________________

2. 고객들의 마음이 떠날까 봐 세심한 부분까지 신경 쓰고 있습니다.

➡ ______________________________

3. 행여 자기 자식이 경쟁에서 뒤쳐질까 봐 자식 뒷바라지에 신경을 쏟고 있다.

➡ ______________________________

093 | −을지니

용법 用法

앞 문장이 뒤 문장의 원인이나 근거가 됨을 나타낸다. '마땅히 그러할 것이니'의 뜻으로 매우 문어적인 표현이다.
前半部分が後半部分の原因や根拠になることを表す。'마땅히 그러할 것이니'の意味で非常に文語的な表現である。

활용 형태 活用形態

−을지니
자음으로 끝나는 동사나 형용사의 어간 뒤에 사용한다.
子音で終わる動詞や形容詞の語幹の後ろにつけて使用する。

예 솟**을지니**, 높**을지니**

−ㄹ지니
모음으로 끝나는 동사나 형용사의 어간 뒤에 사용한다.
母音で終わる動詞や形容詞の語幹の後ろにつけて使用する。

예 따**를지니**, 귀**할지니**

일지니
명사 뒤에 사용한다.
名詞の後ろにつけて使用する。

예 백성**일지니**, 제자**일지니**

−었을지니/았을지니/였을지니
과거의 사실을 나타낼 때 동사나 형용사의 어간 뒤에 사용한다.
過去の事実を表すとき動詞や形容詞の語幹の後ろにつけて使用する。

예 나타**났을지니**, 깊**었을지니**

ㅇ

예문 例文

❶ 하나를 베풀면 둘이 되어 돌아올지니 주는 것이 남는 것이다.
一を施せば二になって返ってくるものだから、情けは人の為ならずである。

❷ 노력하는 자에게는 반드시 좋은 결과가 있을지니 절대 포기하지 말라.
努力する者には必ず良い結果がついてくるものだから、絶対に諦めるな。

❸ 진리는 하나일지니 세상의 헛된 유혹에 현혹되어서는 안 된다.
真実は一つであるから、世の虚しい誘惑に惑わされてはいけない。

❹ 자식은 모두 부모로부터 왔을지니 효는 모든 일의 근본이 됨이오.
子供はみな親から来たものだから、孝行は万事の根本である。

연습 練習 '-을지니'를 사용하여 두 문장을 한 문장으로 만드십시오.
'-을지니'を使って２つの文を１つの文にしなさい。

1. 배움의 길은 끝이 없다 / 나이는 핑계에 불과한 것이다.

➡ ______________________________

2. 유혹에 약한 것이 인간이다 / 늘 스스로를 되돌아 봐야 한다.

➡ ______________________________

3. 부모님의 믿음을 저버리지 못하다 / 반드시 약속을 지킬 것입니다.

➡ ______________________________

094 | -을지라도

용법 用法

앞 문장의 내용을 가정하여 그렇다 하여도 뒤 문장에서는 기대와 다른 결과나 반대의 상황이 옴을 나타낸다.
前半部分の内容を仮定し、そうだとしても後半部分では予想と異なる結果や反対の状況が来ることを表す。

활용 형태 活用形態

-을지라도 자음으로 끝나는 동사와 형용사의 어간 뒤에 사용한다.
子音で終わる動詞や形容詞の語幹の後ろにつけて使用する。

예 죽**을지라도**, 작**을지라도**

-ㄹ지라도 모음으로 끝나는 동사와 형용사의 어간 뒤에 사용한다.
母音で終わる動詞や形容詞の語幹の後ろにつけて使用する。

예 떠**날지라도**, 슬**플지라도**

일지라도 명사 뒤에 사용한다.
名詞の後ろにつけて使用する。

예 장애인**일지라도**, 어디**일지라도**

-었을지라도/-았을지라도/-였을지라도
과거의 사실을 나타낼 때 동사나 형용사의 어간 뒤에 사용한다.
過去の事実を表すとき動詞や形容詞の語幹の後ろにつけて使用する。

예 끝**났을지라도**, 예**뻤을지라도**

예문 例文

❶ 아무리 큰 어려움이 있을지라도 포기하지 않겠어요.
どんなに大変なことがあっても、諦めません。

❷ 나이는 어릴지라도 실력이 어른 못지않게 뛰어난 학생입니다.
年は若いけれど、実力は大人も顔負けの学生です。

❸ 함께 할 수 없는 운명일지라도 서로를 잊지 말고 살아갑시다.
一緒になることは出来ない運命であっても、お互いのことを忘れずに生きていきましょう。

❹ 비록 가난한 가정에서 태어났을지라도 희망을 버리면 안 되지요.
たとえ貧しい家の出であっても、希望を捨ててはいけません。

연습 練習 '-을지라도'를 사용하여 대화를 완성하십시오.
'-을지라도'を使って会話を完成させなさい。

1. 가 : 어차피 질 게 뻔한 경기인데 힘 빼지 말고 출전을 포기합시다.

   나 : 안 됩니다. ______________________________

2. 가 : 나라의 운명이 달린 중요한 기밀입니다. 절대 누설되지 않도록 주의하십시오.

   나 : 걱정 마십시오. ______________________________

3. 가 : 성공 가능성을 자신할 수 없는데 위험 부담을 무릅쓰고 실험적 수술을 해야겠습니까?

   나 : ______________________________

095 | -을지언정

용법 用法

앞 문장의 내용을 인정하거나 극단적으로 가정하여 뒤 문장의 사실을 강조하는 예스러운 표현이다. '비록', '아무리'와 같은 부사와 잘 어울리며, '-을망정'과 유사한 의미로 쓰인다.
前半部分の内容を認めたり極端に仮定し後半部分の事実を強調する古風な表現である。'비록'、'아무리'のような副詞とよく合い'-을망정'と類似した意味で用いられる。

활용 형태 活用形態

-을지언정 자음으로 끝나는 동사나 형용사의 어간 뒤에 사용한다.
子音で終わる動詞や形容詞の語幹の後ろにつけて使用する。

예 맞**을지언정**, 좁**을지언정**

-ㄹ지언정 모음으로 끝나는 동사나 형용사의 어간 뒤에 사용한다.
母音で終わる動詞や形容詞の語幹の後ろにつけて使用する。

예 **살지언정**, 불편**할지언정**

일지언정 명사 뒤에 사용한다.
名詞の後ろにつけて使用する。

예 노인**일지언정**, 바보**일지언정**

-었을지언정/았을지언정/였을지언정
과거의 사실을 나타낼 때 동사나 형용사의 어간 뒤에 사용한다.
過去の事実を表すとき動詞や形容詞の語幹の後ろにつけて使用する。

예 떨어**졌을지언정**, 부족**했을지언정**

예문 例文

❶ 당장 굶어 죽을지언정 그 사람에게 손을 벌리지는 않겠다.
今すぐ飢え死ぬことがあろうとも、あの人の助けは求めない。

❷ 아무리 힘들고 어려울지언정 희망을 잃지 않고 살겠습니다.
どんなに辛く苦しいことがあろうとも、希望を失わず生きていきます。

❸ 비록 짧은 인생일지언정 아름답게 살다가 죽고 싶어요.
たとえ短い人生であろうとも、清く正しい生涯を全うしたいです。

❹ 경기의 승패를 바꿀 수는 없었을지언정 최선을 다했으므로 후회는 없다.
競技の勝敗を変えることはできなかったが、ベストを尽くしたので悔いはない。

ㅇ

연습 練習 '-을지언정'을 사용하여 문장을 완성하십시오.
'-을지언정'を使って文を完成させなさい。

1. ______________________ 뇌물을 주면서까지 사업을 하고 싶지는 않다.

2. ______________________ 자식들만큼은 남부럽지 않게 가르칠 거예요.

3. ______________________ 내 마음을 고백했던 것에 대한 후회는 없다.

096 | -을진대

용법 用法

앞 문장의 내용을 인정하되 그것이 뒤 문장의 조건이나 이유, 근거가 됨을 나타낸다. 매우 예스러운 표현이며 뒤 문장에는 주로 반어적인 의문문이 온다.
前半部分の内容を認め､それが後半部分の条件や理由､根拠になることを表す｡とても古風な表現で､後半部分には主に反語的な疑問文が来る｡

활용 형태 活用形態

-을진대
자음으로 끝나는 동사와 형용사의 어간 뒤에 사용한다.
子音で終わる動詞や形容詞の語幹の後ろにつけて使用する。

예 믿**을진대**, 같**을진대**

-ㄹ진대
모음으로 끝나는 동사와 형용사의 어간 뒤에 사용한다.
母音で終わる動詞や形容詞の語幹の後ろにつけて使用する。

예 보**일진대**, 슬**플진대**

일진대
명사 뒤에 사용한다.
名詞の後ろにつけて使用する。

예 인생**일진대**, 부모**일진대**

-었을진대/았을진대/였을진대
과거의 사실을 나타낼 때 동사나 형용사의 어간 뒤에 사용한다.
過去の事実を表すとき動詞や形容詞の語幹の後ろにつけて使用する。

예 지나**갔을진대**, 달**랐을진대**

예문 例文

❶ 날아다니는 철새도 자기 집이 있을진대 이 한 몸 쉴 곳이 없으랴.
渡り鳥だって自分の家があろうに､この身ひとつ休むところぐらいないだろうか。

❷ 온 국민의 충격이 이렇게 클진대 당사자들은 말할 것도 없겠지요.
全国民がこれほどのショックを受けたのに､当事者たちは言うまでもないでしょう。

❸ 저도 한 아이의 부모일진대 어찌 안타깝지 않겠습니까?
私だって一人の子供がいる親なのに､気の毒と思わないわけがないでしょう。

❹ 같은 가르침을 받았을진대 이렇게 차이가 나다니 납득할 수가 없군요.
同じことを教わったはずなのに､これだけ差がつくとは納得いかないですね。

연습 練習 '-을진대'를 사용하여 두 문장을 한 문장으로 만드십시오.
'-을진대'を使って2つの文を1つの文にしなさい。

1. 흉악한 범죄자라도 인간이다 / 가족이 그립지 않겠습니까?

➡ ______________________________

2. 어린 아이라도 나름대로 생각이 있다 / 그렇게 무시하면 안 됩니다.

➡ ______________________________

3. 멸종 위기에 놓인 동물을 모두가 함께 지켜야 하다 / 어찌 그리 무관심하단 말인가?

➡ ______________________________

097 | -음으로써

용법 用法 어떠한 행위를 도구, 방법, 수단으로 함을 나타낸다. '-음으로'의 형태로도 쓸 수 있다.
ある行為を道具、方法、手段とすることを表す。'-음으로'の形態で用いることもできる。

활용 형태 活用形態

-음으로써 자음으로 끝나는 동사의 어간 뒤에 사용한다.
子音で終わる動詞の語幹の後ろにつけて使用する。

예 쌓**음으로써**

-ㅁ으로써 모음으로 끝나는 동사의 어간 뒤에 사용한다.
母音で終わる動詞の語幹の後ろにつけて使用する。

예 지**킴으로써**

예문 例文

❶ 그는 농민들의 지지를 얻음으로써 정치인의 꿈에 한 발짝 다가섰다.
彼は農民の支持を得ることによって政治家としての夢へ一歩近付いた。

❷ 대기업의 지원을 받음으로써 연구가 무사히 진행될 수 있었습니다.
大企業から支援を受けることによって、無事研究が進められました。

❸ 인터넷이 발달함으로써 지구촌은 점점 더 가까워지고 있습니다.
インターネットの発達によって、グローバル化が段々進んでいます。

연습 練習 '-음으로써'를 사용하여 같은 의미가 되도록 문장을 만드십시오.
'-음으로써'を使って同じ意味になるよう文を作りなさい。

1. 다양한 시각 자료의 활용을 통해 학생들의 흥미를 유도할 수 있다.

➡ ____________________

2. 좋은 습관은 꾸준한 노력을 통해 형성되는 것입니다.

➡ ____________________

3. 의원의 과반수가 반대표를 던져 법안이 부결되고 말았습니다.

➡ ____________________

ㅇ

문법 알아보기

ㅈ

098 | –자[1]

용법 用法 앞 문장의 상황이나 행위가 뒤 문장의 원인이나 동기가 됨을 나타낸다.
前半部分の状況や行為が後半部分の原因や動機になることを表す。

활용 형태 活用形態

–자	동사의 어간 뒤에 사용한다. 動詞の語幹の後ろにつけて使用する。 예 끊**자**, 생기**자**

예문 例文

❶ 서류봉투를 열자 여러 장의 사진이 쏟아져 나왔습니다.
封筒を開けると、何枚かの写真がこぼれ落ちてきました。

❷ 날이 어두워지자 경찰은 실종자 수색을 중단하고 철수했다.
日が暮れると警察は失踪者の捜索を中断し、引き返した。

❸ 인기 가수가 탄 차량이 나타나자 갑자기 사람들이 몰려들었어요.
人気歌手が乗っている車が現れると、突然人が押し寄せました。

연습 練習 '–자'를 사용하여 두 문장을 한 문장으로 만드십시오.
'–자'を使って2つの文を1つの文にしなさい。

1. 개인 정보 유출 사건이 연이어 발생하다 / 정부차원의 대책이 발표되었습니다.

➡ ______________________________

2. 회사가 자금난으로 어려움을 겪다 / 사원들이 자발적으로 월급을 반납했다.

➡ ______________________________

3. 미국 중앙은행의 금리 인하 소식이 전해지다 / 투자자들이 일제히 주식을 팔기 시작했다지요?

➡ ______________________________

099 | -자²

용법 用法 '-이다' 뒤에 붙어 두 가지의 특징을 모두 가지고 있음을 나타낸다.
'-이다'の後ろについて2つ以上の特徴を持ち合わせていることを表す。

활용 형태 活用形態

이자	명사 뒤에 사용한다. 名詞の後ろにつけて使用する。 예 회장**이자**, 역사**이자**

예문 例文

❶ 비행 청소년들을 선도하는 건 교사의 책임이자 의무입니다.
不良少年たちを指導するのは教師の責任であり義務です。

❷ 이번 공연이 그 배우의 첫 무대이자 마지막 무대가 되었다.
今回の公演があの俳優の最初で最後の舞台となった。

❸ 김 선생님은 제 평생의 스승이자 은인이십니다.
キム先生は私の生涯の師匠であり､恩人です。

연습 練習 '-자'를 사용하여 같은 의미가 되도록 문장을 만드십시오.
'-자'を使って同じ意味になるよう文を作りなさい。

1. 꼼꼼한 성격은 그 사람의 장점이면서 동시에 단점이라고 할 수 있다.

➡ ______________________________

2. 바다는 어민들의 생활터전이기도 하고 휴식처이기도 합니다.

➡ ______________________________

3. 어머니는 저의 친구이면서 동시에 제 삶의 등불이셨습니다.

➡ ______________________________

100 | -자니

용법 用法

'-으려고 하니'의 뜻으로, 앞 상황의 이유로 해서 망설이거나 고민함을 나타낸다. '-자니 -고 -자니 -고'의 형태로 많이 쓰인다.
'-으려고 하니'の意味で、ある行動をするに当ってためらったり悩んだりすることを表す。'-자니 -고 -자니 -고'の形態で多く用いられる。

활용 형태 活用形態

-자니 동사의 어간 뒤에 사용한다.
動詞の語幹の後ろにつけて使用する。

예 갚**자니**, 빌리**자니**

예문 例文

❶ 유행이 지난 옷을 버리자니 아까운 생각이 드네요.
流行が過ぎた服だけど、いざ捨てようとすると、もったいない気がします。

❷ 학교까지 걸어가자니 좀 멀고 버스를 타자니 좀 도는 것 같고 어떻게 할까?
学校まで歩いていくのはちょっと遠いし、バスで行くのはちょっと遠回りになりそうだし、どうしようか。

❸ 아이를 시어머님께 맡기자니 죄송스럽고 남의 손에 맡기자니 마음이 안 놓입니다.
子供を姑に預けるのは申し訳ないし、人に任せるのは安心できません。

연습 練習 '-자니'를 사용하여 같은 의미가 되도록 문장을 만드십시오.
'-자니'を使って同じ意味になるよう文を作りなさい。

1. 어린 아이를 학원에 혼자 보내려고 하니 영 불안합니다.

➡ ____________________

2. 장관을 해임하려고 하니 마땅한 후임자가 없고 그대로 두려고 하니 국민들의 반대여론이 심해서 어떻게 해야 할지 모르겠네요.

➡ ____________________

3. 문제가 없는 것처럼 덮으려고 하니 이미 인터넷에 소문이 퍼져 어쩔 수 없었습니다.

➡ ____________________

II

연습문제

練習問題

유형별 연습문제(類型別練習問題)

종합 연습문제(総合練習問題)

유형별 연습문제

類型別練習問題

Ⅰ. 빈칸에 알맞은 문법 고르기

※ 다음 (　　)에 알맞은 것을 고르십시오.

1. 과학의 발달이 인간에게 주는 혜택은 (　　) 그 부작용도 생각해야 한다.

❶ 누리되　❷ 누리거늘　❸ 누릴 바에　❹ 누림으로써

2. 빗방울이 한 두 방울 (　　) 걸음을 재촉해 산을 내려왔다.

❶ 떨어지게끔　❷ 떨어지기에　❸ 떨어지거들랑　❹ 떨어지려니와

3. 사전 조사 결과 김 후보가 압승을 거둘 것으로 (　　) 선거 사무실을 그야말로 축제 분위기였다.

❶ 나타나자　❷ 나타나고자　❸ 나타나기에　❹ 나타나서야

4. 우리는 정보의 홍수 속에 살면서도 실제로 주변에 무슨 일이 일어났는지 (　　) 살아가는 경우가 많다.

❶ 모른 채로　❷ 모른다 치고　❸ 모르는 한편　❹ 모르는 셈치고

5. 이번 기회를 통해 친환경 식재료를 사용한 학교직영 급식을 (　　).

❶ 실행하고자 합니다　❷ 실행할 따름입니다
❸ 실행하는 셈 칩시다　❹ 실행할 여지가 없습니다

6. 성적이 바닥을 맴돌던 아이가 상위권으로 올라온 걸 보면 역시 공부는 (　　).

❶ 노력하는 법입니다　❷ 노력하기 나름입니다
❸ 노력하기 십상입니다　❹ 노력하기 마련입니다

7. 한 해 열심히 농사를 (　　) 비료 값도 나오지 않는 현실에서 젊은이들의 농촌 이탈 현상을 나무랄 수만은 없네요.

❶ 지어 봤자　❷ 지을지니　❸ 지어서야　❹ 지을지언정

8. 공연 일정이 갑자기 앞당겨지는 바람에 연습실에서 (　　).

❶ 살겠거니 했다　❷ 살 턱이 없었다　❸ 살다시피 했다　❹ 살면 그만이었다

9. 경기 악화로 다른 기업들은 해외지사를 (　　　) 해외법인을 또 설립하겠다니 이해할 수가 없습니다.

❶ 철수하는 통에 ❷ 철수하는 마당에 ❸ 철수하려던 차에 ❹ 철수하기가 무섭게

10. 열 손가락 깨물어 안 아픈 손가락이 (　　　) 늘 막내에게 마음이 더 쓰이는 건 어쩔 수 없었다.

❶ 있거니와 ❷ 있는지라 ❸ 있겠냐마는 ❹ 있으련마는

11. 생중계를 통해 온 국민이 (　　　) 검찰의 조사 결과가 발표되었다.

❶ 지켜보는 한편 ❷ 지켜보는 통에 ❸ 지켜보는 마당에 ❹ 지켜보는 가운데

12. 직장 동료들의 노골적인 따돌림을 (　　　) 사표를 내고 말았다.

❶ 견디노라면 ❷ 견뎠건마는 ❸ 견디고자 ❹ 견디다 못해

13. 여건만 허락된다면 해외근무를 하겠냐는 제안을 (　　　) 그럴 수 없어서 안타깝습니다.

❶ 받아들이련만 ❷ 받아들이는지라 ❸ 받아들이게끔 ❹ 받아들일까만

14. 칠순을 맞으신 부모님을 위해 친지들을 모시고 (　　　) 잔치를 마련했다.

❶ 조촐한들 ❷ 조촐하나마
❸ 조촐하거니와 ❹ 조촐함에도 불구하고

15. 면접관의 질문이 (　　　) 예상하고 있었다는 듯이 자신 있게 대답하는군요.

❶ 떨어지기가 무섭게 ❷ 떨어지기에 망정이지
❸ 떨어지는 건 고사하고 ❹ 떨어지는 건 차치하고

16. 공무원들이 사사로운 이익에만 급급하니 나라 살림이 잘 (　　　).

❶ 될 턱이 없다 ❷ 되기 일쑤이다 ❸ 되면 그만이다 ❹ 될락 말락 하다

17. 풍수를 믿지는 않지만 범띠 생은 남서방향이 좋다기에 (　　　) 침대 방향을 한번 바꿔 보았다.

❶ 속은 듯이 ❷ 속는 셈치고 ❸ 속는 날에는 ❹ 속았다 치고

18. 자기 일처럼 성심껏 도와주었는데 트집만 잡으니 (   ).

❶ 화나기 일쑤지요
❷ 화날 법도 하지요
❸ 화나면 그만이지요
❹ 화나다시피 하지요

19. 지금보다 파격적으로 대우를 (   ) 이직할 생각은 없습니다.

❶ 해 주거들랑
❷ 해 주랴마는
❸ 해 주면 몰라도
❹ 해 주는 건 차치하고

20. 우리가 누리는 복은 조상님들이 쌓은 은덕 (   ) 늘 조상의 은혜에 감사하는 마음을 지녀야 한다.

❶ 덕분인들 ❷ 덕분일지니 ❸ 덕분일까마는 ❹ 덕분일지언정

Ⅱ. 밑줄 친 부분과 비슷한 의미의 문법 고르기

※ 다음 밑줄 친 부분과 의미가 가장 비슷한 것을 고르십시오.

1. 현상 유지만을 고집하기보다는 폐업을 고려하시는 게 현명한 처사가 아닐까요?

❶ 고집한들 ❷ 고집할지라도 ❸ 고집하느니 ❹ 고집할뿐더러

2. 3대 독자 외아들의 기가 죽을까 봐 애지중지 떠받들어 키우니 큰일이에요.

❶ 기가 죽겠거니 ❷ 기가 죽을세라 ❸ 기가 죽는답시고 ❹ 기가 죽는 듯이

3. 주택 값이 하늘 높은 줄 모르고 치솟는 요즘, 맞벌이를 한다고 해도 집 장만이 쉽지 않다.

❶ 하게끔 ❷ 하고서야 ❸ 하는 한 ❹ 할지라도

4. 전문가에게 교육받은 대로 대화 방법을 적용해 보려고 들면 그때마다 예상치 못한 상황에 부딪혔다.

❶ 적용해 볼지언정
❷ 적용해 보다가는
❸ 적용해 볼라치면
❹ 적용해 보는 가운데

5. 예산 확보가 어려울지라도 빈곤층 아동의 급식비 지원을 중단하면 안 되지요.

❶ 어려워서야 ❷ 어려웠던들 ❸ 어렵기로서니 ❹ 어려울뿐더러

6. 이번에 결렬된 노사협상의 불똥이 어디까지 튈까?

❶ 튀랴 ❷ 튀느냐 ❸ 튀려나 ❹ 튈세라

7. 신통하다는 약을 발랐는데 여드름이 없어지기는커녕 덧나서 더 보기 흉해졌다.

❶ 없어지는 가운데 ❷ 없어지겠거니 하고
❸ 없어진다손 치더라도 ❹ 없어지는 건 고사하고

8. 대출을 받아 사업을 하는 게 부담이 되기에 선뜻 결정을 내리지 못하고 있다.

❶ 되는지라 ❷ 된답시고 ❸ 될지언정 ❹ 될까마는

9. 국민연금이 파산하지야 않겠지만 이를 막기 위해 가입자들이 추가로 져야 하는 부담이 만만치 않다.

❶ 파산할지라도 ❷ 파산할까마는
❸ 파산하지 않았던들 ❹ 파산하지 않으려니와

10. 새로 발굴된 유물들은 놀라울 정도로 형태가 잘 보존되어 있었다.

❶ 놀라운 양 ❷ 놀라우나마 ❸ 놀랍다 못해 ❹ 놀라우리만치

11. 대학수학 능력시험을 눈앞에 둔 수험생들은 일분일초가 아쉽기만 합니다.

❶ 아쉬울 따름입니다 ❷ 아쉬운 듯 싶습니다
❸ 아쉬우면 그만입니다 ❹ 아쉬울 턱이 없습니다

12. 게시판을 통해 알려드렸다시피 보수 공사관계로 한 달간 주차장을 임시 폐쇄할 예정입니다.

❶ 알려드림으로써 ❷ 알려드렸거니와
❸ 알려드린 셈치고 ❹ 알려드린 바와 같이

13. 가벼운 추돌사고여서 괜찮겠거니 했는데 자고 일어나니 목이 뻐근해서 잘 움직일 수 없었다.

❶ 괜찮으랴 ❷ 괜찮으려니 ❸ 괜찮으련만 ❹ 괜찮으리라고

14. 제조업체가 하자를 인정하고 제품을 회수하지 않는 한 소비자의 불만은 끊이지 않을 것이다.

❶ 않는 판에 ❷ 않는 통에 ❸ 않는 한편 ❹ 않는 이상

15. 비록 돈이 없어 굶어 죽을망정 불의에 굴복하지 않고 떳떳하게 살고 싶다.

❶ 죽을진대 ❷ 죽을까마는 ❸ 죽을지언정 ❹ 죽으려니와

16. 1위와의 점수 차이가 너무 벌어져 따라잡으려고 해도 잡을 수가 없다.

❶ 따라잡아서야 ❷ 따라잡으려야 ❸ 따라잡는다 쳐도 ❹ 따라잡다시피 해도

17. 당장은 막연하겠지만 묵묵히 꿈을 향해 가다 보면 어느새 꿈을 이룬 자신의 모습을 보게 될 것이다.

❶ 가노라면 ❷ 갈라치면 ❸ 가리라고 ❹ 가는 듯이

18. 보안 장치를 제대로 갖추었더라면 문서 유출 사건이 발생하지 않았을 겁니다.

❶ 갖추었건만 ❷ 갖추었던들 ❸ 갖추었겠냐만 ❹ 갖추었을지라도

19. 가뭄으로 말라 죽어가는 곡식들을 보면서 하늘이 원망스럽기 짝이 없었다.

❶ 원망스럽기 그지없었다 ❷ 원망스럽기 일쑤였다
❸ 원망스러울 리가 없었다 ❹ 원망스러울 턱이 없었다

20. 아무리 부자라고 해도 돈이 아깝지 않겠냐만 흔쾌히 후원금을 내주었다.

❶ 부자이자 ❷ 부자인 양 ❸ 부자인들 ❹ 부자이거늘

Ⅲ. 글을 읽고 빈칸에 알맞은 문법 고르기

※ 다음을 읽고 (　　　)에 알맞은 것을 고르십시오.

1.

정치인이 잘못이 있다는 지적을 받았는데도 부끄러움을 (　　　) 그 잘못이 사소한 것이라고 스스로 판단하거나, 잘못이 정당화될 수 있는 것으로 생각한다면 오만한 정치인이 아닐 수 없다.

❶ 느끼다 못해　　❷ 느끼는 셈치고
❸ 느끼는 건 고사하고　　❹ 느낀다손 치더라도

2.

발병률이 높은 암 중의 하나인 위암은 위염과 비슷한 증상을 보이는 경우가 많고 단순히 소화불량 증세만 보이는 때도 있어 병을 (　　　). 정기적인 검사가 무엇보다도 중요한 것도 바로 이 때문이다.

❶ 키울 리가 없다　　❷ 키우기 일쑤이다
❸ 키우면 그만이다　　❹ 키울 여지가 없다

3.

장애인들의 고용 상황도 나쁘기만 하다. 장애인고용촉진법이 시행된 지 20년이 (　　　) 정부와 기업들은 아직도 의무고용 비율을 지키지 않는다. 게다가 최근 경기가 위축되면서 고용 상황은 더욱 악화되고 있다.

❶ 지났건만　　❷ 지났답시고　　❸ 지나고서야　　❹ 지난 마당에

4.

누가 먼저랄 것도 없이 모두 갑판으로 올라가 한 방향으로 시선을 고정했다. 여명 속에서 멀리 눈 쌓인 산봉우리들의 자태는 (　　　). "아! 한라산이다." 1998년 11월 19일 아침, 우리의 한라산 관광은 이렇게 시작됐다.

❶ 장엄할 법했다　　❷ 장엄하겠거니 했다
❸ 장엄할 턱이 없었다　　❹ 장엄하기 그지없었다

5.

한국의 습지들은 시베리아에서부터 날아오는 철새들이 일본으로 가기 전 들르는 곳이다. 그런데 최근 곳곳에서 진행되고 있는 지역개발의 여파로 겉만 봐도 습지들은 이미 (   ).

❶ 버려질 판이었다　❷ 버려질 리 만무했다
❸ 버려지기 십상이었다　❹ 버려질 대로 버려졌다

6.

사람의 일생은 기쁨과 슬픔이 교차하며 이루어지는 것이다. 아무리 (   ) 보이는 사람도 그 가슴 속에는 슬픔의 흔적이 있게 마련이고 아무리 슬픈 사람일지라도 기쁨의 순간을 가슴 속에 지니고 있는 것이다.

❶ 행복한 듯이　❷ 행복할 대로　❸ 행복하다 못해　❹ 행복하니 만큼

7.

재주가 빼어난 사람은 교만하기 (   ) 남을 공손하게 대하는 법을 먼저 배워야 하며, 총명한 사람은 겉만 훑기가 쉬우니 매사에 깊이 생각하고 이해하도록 노력해야 한다.

❶ 쉬울세라　❷ 쉬우므로　❸ 쉬울망정　❹ 쉽겠냐마는

8.

현대인이 소외감을 느끼는 데에는 사람들이 각자의 방식으로 정신없이 하루하루 살기 급급한 이유도 (   ) 시시콜콜 개인사를 묻거나 관심을 표하지 않는 도시인의 생활 방식도 한몫하고 있다.

❶ 있건대　❷ 있거니와　❸ 있거들랑　❹ 있건마는

9.

음주상태에서 운전을 할 경우 교통사고를 유발하기 쉽다는 것은 상식인데 이를 알면서도 제지하지 않고 동승한 행위는 사회적 (   ) 본인 및 타인의 안전을 고려하여야 할 의무를 소홀히 한 것으로 볼 수 있다.

❶ 통념이자　❷ 통념이려니와　❸ 통념에 비추어　❹ 통념은 고사하고

10.

하루가 멀다 하고 다양한 기능을 갖춘 신형 휴대전화가 쏟아져 (　　　) 소비자들의 반응은 시큰둥하기만 하다. 가격만 비싸질 뿐, 쓰지도 않는 기능이 추가되어 오히려 불편만 가중시키고 있기 때문이다.

❶ 나오고 있다 치고　❷ 나오고 있느니만큼
❸ 나오고 있겠냐마는　❹ 나오고 있는 가운데

11.

최근 국가 간의 자유 무역 협정 체결이 활발해지고 있다. 하지만 다른 나라와 경쟁할 수 있는 능력이 충분히 갖추어지지 않은 상태에서 시장이 완전히 (　　　) 취약한 분야의 산업이 무너져버릴 우려가 있다.

❶ 개방되어 봤자　❷ 개방되던 차에　❸ 개방되는 날엔　❹ 개방되는 마당에

12.

요즘 신세대들이 복잡한 걸 싫어하고 쉽고 빠른 것만을 선호하는 건 사실이다. 하지만 지나치게 암호화되고 있는 채팅 용어는 우리말을 (　　　) 세대 간의 의사소통을 어렵게 하는 문제점을 안고 있다.

❶ 파괴하게끔　❷ 파괴한댔자　❸ 파괴하고자　❹ 파괴할뿐더러

13.

울퉁불퉁한 비포장 길을 달리는 동안 어느새 깜빡 잠이 들었나 보다. 내리라는 안내원의 말에 잠이 깨어 창밖을 내다보니 태양에 반짝거리는 호수와 설산이 만들어 낸 장관은 (　　　) 눈이 부실 지경이었다.

❶ 아름다우련만　❷ 아름답다 못해　❸ 아름다워 봤자　❹ 아름다울까마는

14.

인천시의 한 초등학교 학생들이 고사리 손으로 한 푼 두 푼 모은 성금을 사랑의 재단에 전달해 왔다. 아이들의 정성스러운 마음과 손길은 소년소녀가장과 결식아동들에게 (　　　) 도움이 될 것이다.

❶ 적어서야　❷ 적은지라　❸ 적거니와　❹ 적으나마

15.

내용도 모른 채 단지 상영 시작 시간이 얼마 남지 않았다는 이유로 선택한 영화는 기대 이상의 훈훈함을 안겨주었다. 현대인의 인간관계를 다시 한 번 (　　　) 만드는 이 영화는 알고 보니 부산 국제 영화제 출품작이었단다.

❶ 되돌아보게끔　　❷ 되돌아보는 데
❸ 되돌아보는 양　　❹ 되돌아보다시피

16.

운동이라는 야심찬 계획을 실천하는 데 방해가 되는 첫 번째 장애물이 게으름이라면 두 번째 장애물은 운동화라 할 수 있다. 자신의 체형과 운동 강도에 따라 적합한 신발을 신지 않으면 고통뿐만 아니라 관절과 근육에 부담을 주어 운동을 (　　　).

❶ 안 하기 일쑤이다　　❷ 안 하면 그만이다
❸ 안 하느니만 못하다　　❹ 안 할락 말락 한다

17.

소방재난본부에 따르면 월 평균 20여만 건에 이르는 신고가 접수되는데 이 중 정상 처리된 건수는 11.5%에 불과하다. 시민들의 잘못된 신고나 신중하지 못한 신고로 인해 소방직원들의 업무가 (　　　) 정작 긴급히 도움이 필요한 시민들에게 선의의 피해가 돌아갈 수도 있다.

❶ 가중되기는커녕　　❷ 가중된다손 치더라도
❸ 가중되는 건 차치하고　　❹ 가중되는 한이 있더라도

18.

대부분의 남미 사람들은 밝고 명랑하고 낙천적인 기질을 가지고 있다. 빈부차가 심하여 상대적인 빈곤감에 불행을 (　　　) 이들은 어려운 현실에도 불구하고 웃음과 여유를 잃지 않는다.

❶ 느끼다 못해　　❷ 느낀 나머지
❸ 느낄 법도 한데　　❹ 느끼는 둥 마는 둥

19.

일일이 기억하기조차 힘든 기념일, 거기다가 각종 '○○데이'까지 챙기다가는 텅 빈 지갑에 눈물을 흘려야 할지도 모른다. 사람의 마음이란 게 이상해서 처음부터 아예 (　　　) 챙기다 안 챙기면 나중에 더 원망을 들을 수 있기 때문이다.

❶ 안 했으면 몰라도
❷ 안 했겠거니 하고
❸ 안 했기에 망정이지
❹ 안 했음에도 불구하고

20.

새로 출간된 소설 '화신'은 신화적, 과학적, 역사적 지식을 아우르는 방대한 내용의 소설이다. 하지만 작가는 여기에 추리적 요소를 가미하여 (　　　) 지루해할 틈 없이 수수께끼의 비밀을 풀어나가도록 긴장감 넘치게 구성하였다.

❶ 독자랍시고
❷ 독자로 하여금
❸ 독자로 미루어
❹ 독자로 말미암아

Ⅳ. 글을 읽고 밑줄 친 부분과 비슷한 의미의 문법 고르기

※ 다음을 읽고 밑줄 친 부분과 의미가 가장 비슷한 것을 고르십시오.

1.

많은 취업 재수생들은 눈높이를 낮추지 못해 매번 입사에 실패한다고 한다. 대기업이 중소기업에 비해 여러 장점을 갖고 있는 것은 사실이나, 뛰어난 인재들이 모인 거대한 조직 속에서 기회를 <u>얻지 못할 바에야</u> 작은 조직의 중소기업에 들어가 다양한 업무를 익히고 경험을 쌓는 게 나을지도 모른다.

❶ 얻지 못하느니
❷ 얻지 못한다 치고
❸ 얻지 못하던 차에
❹ 얻지 못하면 몰라도

2.

창덕궁은 조선의 궁궐 중에서 그 원형이 그대로 남아 있고 자연과 건물의 조화로운 배치가 탁월하다는 점에서 1997년 유네스코 세계문화유산으로 지정되었다고 한다. 창덕궁이 세계문화유산으로 지정되었으니만큼 우리 모두가 힘을 모아 더욱 더 소중히 가꾸도록 해야 한다.

❶ 지정된 채 ❷ 지정되어서야 ❸ 지정되었으므로 ❹ 지정되는 날에는

3.

요즘 오나가나 들리는 말이 '세계화', '국제화'이다. 일반인들은 국제화 시대에 발맞추겠다고 자녀들의 조기교육과 해외연수에 열을 올리고 있고 정부는 무역의 세계화라고 수입개방을 밀어붙이고 있다.

❶ 발맞추게끔 ❷ 발맞춘답시고
❸ 발맞추기는커녕 ❹ 발맞추는 건 고사하고

4.

통상적으로 일기란 말 그대로 남들이 보지 못한다는 전제 하에서 쓰는 자기와의 대화이다. 그러나 이번에 출간하게 된 『○○일기』는 좀 다르다. 인터넷상의 개인 홈페이지에 쓰는 일기이기 때문에, '자신과의 대화'이면서 동시에 상당히 의도적인 '남과의 대화'이기도 하다.

❶ 일기인 한 ❷ 일기일망정 ❸ 일기인 이상 ❹ 일기인 까닭에

5.

'문화 관광 해설사'는 지역의 역사, 문화재, 자연 생태에 대한 전문지식을 관광객의 눈높이에 맞춰 알기 쉽게 전달해줄뿐더러 다양한 관광정보를 제공함으로써 관광객의 재방문을 유도하는 등 관광문화의 질적 수준을 제고하는 데 중요한 역할을 하고 있다.

❶ 전달해줌으로써 ❷ 전달해주는 통에
❸ 전달해주거니와 ❹ 전달해주니 만큼

6.

광우병 공포가 전 세계를 위협하고 있는데도 각국은 지금까지 광우병을 유발하는 인자가 '프리온'이라는 특이한 단백질이라는 점만 밝혀냈을 뿐 치료제도 없어 사전에 병에 걸리지 않도록 하는 예방조치에만 의존하고 있다.

❶ 위협하는 통에
❷ 위협하는 까닭에
❸ 위협하고 있으므로
❹ 위협하고 있음에도 불구하고

7.

대화는 인간 생활에 필요한 정신적 활력을 만들어 내는 근원이다. 대화가 없는 삶은 의미가 없는 삶이다. 사람이든 사회이든 오래도록 대화가 단절되면 저절로 소외되어, 살아 있어도 죽어 있는 것이나 다를 바 없게 된다.

❶ 살아 있으되 ❷ 살아 있을망정 ❸ 살아 있을까마는 ❹ 살아 있는 건 차치하고

8.

20세기에 한국에 수많은 서구의 경기가 들어오면서 씨름은 최고의 국민 스포츠로서의 자리를 내주게 된다. 왜냐하면 국내에서만 열리는 씨름은 신교육을 받은 젊은 세대들에게 구태의연한 스포츠로 인식됨으로써 점차 인기가 없어졌고 다른 스포츠에 비해 경쟁력을 잃게 되었기 때문이다.

❶ 인식됨에 비추어
❷ 인식됨으로 미루어
❸ 인식됨에도 불구하고
❹ 인식됨으로 말미암아

9.

모든 여자의 천성이 내향적이고 온순했기 때문에 육아의 임무가 맡겨진 게 아니라 여성에게 주어진 일이 살림과 아이 기르기와 남편 뒷바라지였기에 그에 맞게 점점 변화된 것이고, 그런 특징들이 마치 여성의 미덕인 것처럼 칭송되어 왔을 뿐입니다.

❶ 미덕인 통에 ❷ 미덕인 양 ❸ 미덕인 셈치고 ❹ 미덕인 바

10.

세계경제의 큰 영향을 받는 산업 중 하나인 해운산업이 경제위기의 유탄을 맞고 신음하고 있다. 이에 정부는 해운 산업 지원을 위한 대책을 발 빠르게 내놓았고 이러한 정부대책이 나오자마자 관련 주가는 폭등했다.

❶ 나온 채 ❷ 나오랴마는 ❸ 나오는 날에는 ❹ 나오기가 무섭게

11.

요즘 초 · 중 · 고등학생들의 버릇없고 개념 없는 행동이 도를 지나쳐 교사의 인내심을 시험하는 경우도 있다고 한다. 물론 이 경우에도 침착성을 잃지 말아야겠지만 교사도 사람인 바 어느 정도 분노를 표출할 수 있다고 생각한다. 단지 그 방법에 있어서 교육적인 면을 고려하지 않을 수 없다는 것이 교사로서의 어려움일 것이다.

❶ 사람인들 ❷ 사람인지라 ❸ 사람이게끔 ❹ 사람이거니와

12.

경기 침체의 영향으로 경제 성장률이 둔화되고 구매력이 저하되었음에도 불구하고 생수 판매시장은 4% 정도 성장한 것으로 나타났다. 건강에 좋은 물에 대한 소비자의 인식은 갈수록 높아지고 있어 생수시장은 앞으로도 계속 성장할 것으로 전문가들은 내다보고 있다.

❶ 저하된지라 ❷ 저하되었겠냐만 ❸ 저하되었건만 ❹ 저하되었을지라도

13.

한 달간의 배낭여행을 다녀오고 나서 새삼 느낀 건, 시도해 보지도 않고 나중에 후회하는 것보다 빨리 결정하고 행동으로 옮기는 게 젊은이로서의 자세와 패기가 아닐까 하는 생각이다. 누군가의 말처럼 망설일 시간에 차라리 좀 더 큰 꿈을 꾸어야 한다.

❶ 후회해 봤자 ❷ 후회한다 치고 ❸ 후회하다 못해 ❹ 후회할 바에야

14.

연일 무더위가 기승을 부리고 있는 가운데 부동산 시장은 비수기 한파를 맞고 있다. 무더위에 휴가철까지 겹치면서 거래는 거의 끊겼다고 할 수 있다. 특히, 대출규제가 더욱 강화되면서 아파트를 비롯한 모든 부동산 가격에 일제히 하락세를 나타냈다.

❶ 끊기다시피 했다 ❷ 끊겼겠거니 했다 ❸ 끊길락 말락 했다 ❹ 끊겼을 따름이었다

15.

제 12회 '농업인의 날'을 맞이하여 각종 행사와 기념식이 열렸다. 기념식에서는 어려운 여건 하에서도 우리 농업과 농촌을 지키고 있는 농업인들에게 위로와 격려를 보내면서 농업 발전에 공이 큰 유공자 30여 명에게 대통령표창을 비롯한 각종 포상이 수여되었다.

❶ 보내는 통에 ❷ 보내는 한편 ❸ 보내는 셈치고 ❹ 보내는 바람에

16.

먼지 및 아황산가스의 발생이 증가하여 도시의 환경을 악화시키고 있을 뿐만 아니라 날마다 막대한 생활하수가 하천으로 유입됨으로써 하천의 오염이 심각한 수준에 이르렀다. 이러한 도시 환경문제를 해결하려면 오염을 방지하기 위한 다양한 수질 관리 대책을 수립하여 실행해야 한다.

❶ 유입되는 통에
❷ 유입되는 한
❸ 유입되는 판에
❹ 유입되기가 무섭게

17.

지도자가 갖춰야 할 덕목으로 위기관리 능력을 꼽을 수 있다. 혹시 닥칠지 모르는 불이익을 무릅쓰고 위기의 순간에 빠른 판단력을 발휘해야만 한다. 더불어 자신의 선택에 대한 자신감과 치밀함을 보여야 한다.

❶ 불이익이 있었던들
❷ 불이익이 있는 건 차치하고
❸ 불이익이 있기로서니
❹ 불이익이 있다손 치더라도

18.

출근길에 커피 전문점을 지나면서 유혹적인 커피 향에 이끌려 한 잔, 신제품 아이디어를 내야 하는 회의 전에는 긴장감 때문에 한 잔, 퇴근 후에는 오랜만에 만난 동창과도 한 잔. 석 잔 정도는 괜찮겠거니 하고 마셨는데 밤에 잠을 이룰 수가 없었다.

❶ 괜찮다 치고
❷ 괜찮으랴마는
❸ 괜찮으리라고
❹ 괜찮으려니 하고

19.

서울시에서 추진하고 있는 화장장 확장계획이 우리 구 주민들의 의사와 관계없이 결정되었습니다. 이로 인해 우리 구에서는 주민들의 재산권, 환경권 등에 막대한 피해가 발생할 것을 우려하여 서울시의 결정에 반대합니다. 주민들의 이러한 의견을 수렴하셔서 확장계획을 재검토하도록 힘써 주시기를 바라며 이 의견서를 제출합니다.

❶ 힘써 주시는 바
❷ 힘써 주시니만큼
❸ 힘써 주십사 하고
❹ 힘써 주시면 몰라도

20.

윷놀이는 윷을 잘 던지기만 해서 이기는 게임이 아니다. 말판을 잘 쓰는 것도 중요한 승리의 관건이다. 남의 말에 잡히지 않고 가장 가까운 길로 가면서, 자기편 말끼리 덧놓아 여러 말이 한 번에 같이 움직일 수 있게 되면 빨리 날 수 있어 이기게 된다.

❶ 가까운 길로 가되
❷ 가까운 길로 갈세라
❸ 가까운 길로 가려니와
❹ 가까운 길로 가게끔

V. 긴 글을 읽고 질문에 답하기

※ 다음을 읽고 물음에 답하십시오.

[1]

선진국에 비해 도시화의 속도가 빨랐던 개발도상국에서는 과도하게 인구가 (㉠) 주택 부족 및 주거 환경 악화 등의 문제가 발생하고 있다. 이러한 문제를 해결하기 위해 택지 개발 사업을 통해 주택 보급률을 ㉡높이는 노력과 함께 도심의 낡은 주택들을 대상으로 재개발 사업을 시행하였다. 그러나 새로 건설하는 주택이 주로 아파트에 집중되어 있기 때문에 저소득층의 주거 환경 개선 문제가 해결되었다고 보기는 어렵다.

1. ㉠에 알맞은 것을 고르십시오.

❶ 집중된 채 ❷ 집중되자 ❸ 집중된 마당에 ❹ 집중된 나머지

2. ㉡과 바꾸어 쓸 때 알맞은 것을 고르십시오.

❶ 높이고자 ❷ 높이던 차에 ❸ 높인답시고 ❹ 높이는 한편

[2]

통계청의 발표에 따르면 우리나라 소방 공무원 1인당 담당 인구수는 2,082명이라고 한다. 일본은 841명, 미국은 겨우 208명이라니 미국에 비해 10배나 되는 셈이다. 작년에 화재 진압 중 순직한 소방 공무원이 20명이나 되고 부상자도 250명에 달한다. 그들의 임무가 국민의 소중한 생명, 재산과 밀접한 관련이 있음에도 불구하고 근무 여건은 (㉠). 소방 공무원들이 자긍심을 갖고 안전하게 ㉡일할 수 있도록 정부는 근무 여건 개선에 힘써야 할 것이다.

1. ㉠에 알맞은 것을 고르십시오.

❶ 열악할 턱이 없다 ❷ 열악하기 일쑤이다

❸ 열악하기 짝이 없다 ❹ 열악하기 십상이다

2. ㉡과 바꾸어 쓸 때 알맞은 것을 고르십시오.

❶ 일하는 이상
❷ 일하는 마당에
❸ 일할 수 있게끔
❹ 일할 수 있으니만큼

[3]

사람들의 일상과 속마음을 알기 쉽게 소통하려는 서민들의 국어 생활속에서 '삶의 본 모습'을 진솔하게 파악하려는 지혜를 엿볼 수 있다. 특히 이러한 진솔한 표현 방식은 관용어나 속담의 사용에서 잘 나타나는데, 관용어는 어떤 특정한 모습을 늘 그런 방식으로 (㉠) 한국사람 모두에게 이미 친숙해진 말이다. 아주 가까운 거리를 '엎드리면 코 닿을 데'라고 한다든지, 시간이 매우 빨리 흐르는 것을 두고, '세월이 쏜살 같이 간다' 등과 같이 표현하는 것이 바로 관용어이다. 관용어는 국어 공동체가 오랜 세월 동안 함께 사용함으로써 만들어진 국어 ㉡문화이므로 그 속에는 우리말의 묘미와 한국인 특유의 사고방식이 담겨 있다.

1. ㉠에 알맞은 것을 고르십시오.

❶ 표현하고서야
❷ 표현하노라면
❸ 표현함으로써
❹ 표현하는 한편

2. ㉡과 바꾸어 쓸 때 알맞은 것을 고르십시오.

❶ 문화일망정
❷ 문화인 이상
❸ 문화임에 따라
❹ 문화인 까닭에

[4]

여행, 특히 해외여행은 여행을 계획하고 준비하는 과정에서부터 충분히 설레고 흥분된다. 그러나 막상 공항에 내리는 순간부터 고생이 시작되는 경우도 비일비재하다. 물론 외국인으로서 낯선 나라를 여행하면서 불편을 겪지 (㉠) 예상하는 사람은 아무도 없을 것이다. 그러나 불편의 정도를 넘어서 불쾌의 수준으로까지 간다면 다시는 그 나라에 가고 싶어지지 않을 것이다. 따라서 이러한 불편한 점들을 ㉡해소하지 않으면 외국인들은 그 나라를 다시 찾지 않을 것이며 관광대국으로 거듭나고자 하는 소망은 먼 나라 이야기가 될 것이다.

1. ㉠에 알맞은 것을 고르십시오.

❶ 않으리라고
❷ 않겠냐마는
❸ 않으려니와
❹ 않을지라도

2. ㉡과 바꾸어 쓸 때 알맞은 것을 고르십시오.

❶ 해소하지 않은들
❷ 해소하지 않느니
❸ 해소하지 않기에
❹ 해소하지 않는 한

[5]

그런데 너희 뭇 쥐들에게 묻는다. 너희는 맡은 일이 무엇인가? 누가 너희를 길러 주었으며 어디서 생겨서 자라났는가? 구멍을 뚫고 도둑질하는 것은 오직 너희만이 하는 소행이다. 대개 도둑은 밖에서 (㉠) 너희는 어찌 집안에 살면서 도리어 주인의 집에 해를 끼치는가? 구멍을 많이 뚫어 이리저리 들락날락하고 대낮에도 버젓이 다니며, 방에서 부엌으로, 마루에서 방으로 멋대로 다닌다. 단단한 것도 잘 뚫어 상자 속에도 잘 들어가고, 굴뚝을 뚫어 구석에서 연기가 나게 한다. 마시기도 하고 먹기도 하니 이는 도둑의 짓이다. 너희도 배를 채우기 위한 ㉡것일 테지만, 어찌하여 옷을 쏠아 입지 못하게 하는가?

1. ㉠에 알맞은 것을 고르십시오.

❶ 들어오되
❷ 들어올지언정
❸ 들어오기로서니
❹ 들어오는 것이거늘

2. ㉡과 바꾸어 쓸 때 알맞은 것을 고르십시오.

❶ 것이므로
❷ 것인지라
❸ 것일진대
❹ 것이기에 망정이지

[6]

한국의 대표적인 고전 소설로 심청전, 춘향전과 더불어 홍길동전을 들 수 있다. 홍길동전은 한국의 대표적인 의로운 도적을 소재로 한 소설인데, 주인공인 길동은 양반가의 아들로 태어났음에도 서자인 까닭에 신분의 벽에 부딪치게 된다. 이야기 가운데 『길동이 점점 자라 8살이 (㉠) 총명하기가 보통이 넘어 하나를 들으면 백 가지를 알 정도였다. 그래서 공은 더욱 귀여워하면서도 출생이 천해, 길동이 늘 아버지니 형이니 하고 부르면 즉시 꾸짖어 그렇게 부르지 못하게 하였다.』라는 대목이 나온다. 이렇듯 남다른 재주를 보였던 길동이 장부로서의 뜻을 ㉡펼치려고 하니 조선의 신분 제도가 장애가 되어 그 뜻을 가로막는다. 이에 자신의 처지를 한탄한 길동은 집을 떠나 도적의 소굴로 가게 된다.

1. ㉠에 알맞은 것을 고르십시오.

❶ 되자 ❷ 되는지라
❸ 되었으므로 ❹ 되는 날에는

2. ㉡과 바꾸어 쓸 때 알맞은 것을 고르십시오.

❶ 펼치고자 ❷ 펼칠라치면
❸ 펼치자니 ❹ 펼치노라니

[7]

갈등을 조정하기 위한 대표적인 협상 방법에는 양자 모두 이익을 얻는 방식과 한 쪽만 이익을 얻는 방식이 있다. 전자의 경우 양보할 것은 양보하고 얻을 것은 얻는다는 자세로 협상에 임하기 때문에, 참여자들이 자신과 상대방의 이익을 함께 고려한다. 이에 반해 후자의 경우에는 상대방에게 ㉠손해를 끼치면서까지 자신의 이익을 극대화하고자 한다. 이 경우 서로 공격적인 자세로 협상에 임하기 때문에, 협상이 난항을 (㉡). 결국 전자의 방식이 협상 당사자들 모두에게 이익을 가져 온다고 할 수 있다.

1. ㉠과 바꾸어 쓸 때 알맞은 것을 고르십시오.

❶ 손해를 무릅쓰고 ❷ 손해를 끼칠지언정
❸ 손해를 끼치면 몰라도 ❹ 손해를 끼치는 한이 있더라도

2. ㉡에 알맞은 것을 고르십시오.

❶ 겪을 따름이다 ❷ 겪기 십상이다
❸ 겪다시피 한다 ❹ 겪으면 그만이다

[8]

우리가 계승해야 할 민족 문화의 전통으로 여겨지는 것들은 앞서 언급한 예에서 (㉠), 과거의 인습에서 벗어나 새로운 것을 창조하려는 노력의 산물이었다. 우리가 익히 알고 있는 세종대왕의 훈민정음 창제 과정이 이를 증명한다. 만일 세종이 관습에 얽매인 보수주의적 유학자들에게 한글을 창제하겠다는 뜻을 ㉡굽혔더라면, 과연 우리 민족 문화의 최대 걸작품이 햇빛을 볼 수 있었을 것인가?

1. ㉠에 알맞은 것을 고르십시오.

❶ 알 수 있되　　❷ 알 수 있는 한
❸ 알 수 있는 이상　　❹ 알 수 있는 바와 같이

2. ㉡과 바꾸어 쓸 때 알맞은 것을 고르십시오.

❶ 굽혔던들　　❷ 굽혔으랴마는
❸ 굽히고서야　　❹ 굽혔을지언정

[9]

언젠가 교육부의 한 관리가 프랑스의 불문학박사보다 한국의 불문학박사가 더 많을 거라는 농담을 한 적이 있다. 가끔 만나는 지인들도 이제는 영어 하나면 다 통하는데 프랑스어 같은 제2 외국어 교육은 필요 없지 않느냐고 묻기도 하는 게 현실이다. 그 관리의 말이야 (　㉠　) 프랑스어 교육이 불필요하다고 함부로 말하는 사람들 앞에서 프랑스 문학을 가르치는 선생으로서 당혹스러움을 감출 수 없다. 그런 사람들에게 프랑스어는 단지 무역이나 여행을 하기 위해서만 필요한 언어가 ㉡<u>아니거니와</u>, 대학의 불어불문학과에서 프랑스어만 배우는 것은 아니라는 사실을 강조하고 싶다.

1. ㉠에 알맞은 것을 고르십시오.

❶ 그러려니와　　❷ 그러랴마는
❸ 그러련마는　　❹ 그렇다손 치더라도

2. ㉡과 바꾸어 쓸 때 알맞은 것을 고르십시오.

❶ 아닐뿐더러　　❷ 아닌 셈치고
❸ 아니겠냐마는　　❹ 아니다 싶으면

[10]

우리가 살아가는 어느 (㉠) 소중하지 않은 순간이 단 한 순간이라도 있으랴. 물론 특별히 소중한 순간이 따로 있다고 생각하는 사람도 있을 테지만 어느 한 순간이고 의미 없는 순간은 없을 것이다. 숨을 쉬지 않아도 되는 시간, 맥박이 멈춰도 되는 날이 ㉡있을까마는 우리는 종종 그 소중함을 잊고 산다. 단지 시간만이 그런 것은 아니다. 이 세상에 존재하고 있는 사물 가운데 의미 없는 것, 소용없는 것 또한 있을 수 없는 것이다. 소용없고, 의미가 없었다면 벌써 도태되어 이 세상에 존재하지 않을 터이기 때문이다.

1. ㉠에 알맞은 것을 고르십시오.

❶ 한 순간인들 ❷ 한 순간일진대 ❸ 한 순간이라면 ❹ 한 순간이거늘

2. ㉡과 바꾸어 쓸 때 알맞은 것을 고르십시오.

❶ 있기에 ❷ 있으랴마는 ❸ 있기로서니 ❹ 있을지언정

[11]

예로부터 천문학은 하늘의 움직임에 따라 농사시기를 결정할 수 있다는 점에서 농업과 깊은 관계가 있었다. 또한 관측 결과에 따라 국가의 길흉을 점치던 점성술이 고대국가에서 중요시되었던 (㉠) 정치와도 관련이 깊음을 알 수 있다. 일찍이 이러한 천문학의 중요성을 깨달은 신라의 선덕여왕은 천체의 움직임을 관찰할 수 있는 첨성대를 건축하라 지시하였다. 경주의 대표적인 문화유산중의 하나인 첨성대는 당시의 높은 과학 수준을 보여 줄 뿐만 아니라 동양에서 가장 오래된 ㉡천문대이므로 그 역사적, 과학적인 가치가 매우 크다고 할 수 있겠다.

1. ㉠에 알맞은 것을 고르십시오.

❶ 점은 고사하고 ❷ 점으로 미루어 ❸ 점에도 불구하고 ❹ 점으로 말미암아

2. ㉡과 바꾸어 쓸 때 알맞은 것을 고르십시오.

❶ 천문대일진대 ❷ 천문대이나마
❸ 천문대일지라도 ❹ 천문대이니만큼

[12]

내향적인 사람은 자신감이 없다. 어딘가 (㉠) 자기 부족감으로 고민하는 경우가 많다. 적극성도 없고 매사에 용기도 없어서 해 보기도 전에 패배감을 느끼므로 열등감에 빠지기 일쑤이다. 그러기에 내향적인 ㉡성격으로 인해 정상적으로 사회활동을 하지 못하고 깊은 수렁에 빠져 버리는 이들도 없지는 않다. 그러나 내향적인 사람 모두가 좌절의 늪에 가라앉는 건 아니다. 그들 중에서 많은 이들은 자기의 성격 때문에 더 열심히 일하고 공부한다. 그것이야말로 이들에게 주어진 무기라고 할 수 있다. 노력형, 근검형이 될 수밖에 없는 숙명을 타고난 셈이다.

1. ㉠에 알맞은 것을 고르십시오.

❶ 모자라기로서니 ❷ 모자라던 차에 ❸ 모자라는 만큼 ❹ 모자라는 듯싶은

2. ㉡과 바꾸어 쓸 때 알맞은 것을 고르십시오.

❶ 성격이기에 ❷ 성격에 비추어 ❸ 성격이니만큼 ❹ 성격으로 말미암아

Ⅵ. 대화 완성하기

※ 빈칸에 알맞은 것을 고르십시오.

1. 가 : 이사님께서 투자 설명회를 연기해야 하는 상황을 이해해 주실까요?
   나 : 그게 말이 됩니까? ____________________.

❶ 이해하시다마다요 ❷ 그러시겠거니 해야지요
❸ 이해하실 리가 없습니다 ❹ 나중에 생각할 여지가 있습니다

2. 가 : 이번 사건을 두고 여야가 서로 책임만 떠넘기고 있으니 참 한심하지 않습니까?
   나 : 한심하다마다요. ____________________.

❶ 우리야 구경만 하면 그만이지요
❷ 책임소재는 반드시 밝혀내야지요
❸ 사건정황으로 미루어 보면 알 수 있잖아요
❹ 바라건대 하루속히 해법이 나와야 할텐데 말입니다

3. 가 : 회사내부의 불법적인 관행을 폭로하면 더 이상 회사에 남아 있을 수 없겠지?
   나 : 아마 그렇겠지. ______________________________

   ❶ 살아남느니만 못 할 거야
   ❷ 양심에 비추어 부끄러움이 없을 거야
   ❸ 끝까지 자신의 신념을 고수해야 한다고 봐
   ❹ 회사입장에서 그런 직원을 그냥 놔 둘 턱이 없잖아

4. 가 : 살인적인 물가 때문에 월급만으로 살기가 버겁지요?
   나 : 글쎄 말이에요. ______________________________.

   ❶ 물가가 오를래야 오를 수가 없지요
   ❷ 요즘 같아선 사표를 내야 할 것 같아요
   ❸ 월급을 받기가 무섭게 다들 저축하느라 바빠요
   ❹ 맞벌이를 하기에 망정이지 혼자 벌었으면 힘들었을 거예요

5. 가 : 교통 혼잡을 막기 위해서는 승용차 요일제를 의무적으로 실시해야 합니다.
   나 : 어느 정도 일리가 있습니다만 ______________________________.

   ❶ 반대를 무릅쓰고라도 의무적으로 실시해야 합니다
   ❷ 강제로 실시하다 보면 부작용이 생기기 십상이에요
   ❸ 강제로 실시한다면 교통 혼잡이 해결될 법도 하네요
   ❹ 의무적으로 실시하는 이상 참여할 수밖에 없겠군요

6. 가 : 강력한 우승 후보였던 선수가 부상으로 출전을 포기했다니 안타깝네요.
   나 : 누가 아니래요? 그래도 ______________________________.

   ❶ 우승 후보가 된 것만으로도 만족해야지요
   ❷ 출전을 안 하니만 못한 일이 되고 말았네요
   ❸ 선수가 부상당하는 일은 어제 오늘 일은 아니잖아요
   ❹ 우승을 놓친 건 차치하고 큰 부상만 아니었으면 좋겠어요

7. 가 : 얘기 들었어요? 구청에서 우리 동네 공터에 놀이터를 지을 예정이래요.
   나 : 그렇지 않아도 ________________________________.

❶ 놀이터가 제대로 관리가 안 돼서 문제였잖아요
❷ 구청에서 주민들을 위해 좋은 일을 많이 해야 합니다
❸ 아이들을 위한 놀이 공간이 필요하던 차였는데 잘 됐네요
❹ 놀이터를 지은 셈치고 아이들을 공터에서 놀게 하면 되지요

8. 가 : 벌써 출근하셨어요? 장례 치르는 일이 보통 힘든 게 아닌데 더 쉬시지요.
   나 : 별말씀을요. ________________________________.

❶ 장례도 장례거니와 출근을 해야 하니까요
❷ 바쁘신 와중에도 와 주셔서 감사할 따름입니다
❸ 장례식에 와 주십사 하고 말씀 드리려고 했습니다
❹ 쉬노라면 가슴 아픈 기억이야 잊혀지게 마련이니까요

9. 가 : 중 · 고등학교에서 봉사활동을 점수화하는 건 좀 지나치다고 봐.
   나 : 꼭 그렇지는 않지. ________________________________.

❶ 봉사와 점수는 별 상관이 없잖아
❷ 초등학교에서도 그렇게 해야 한다고 봐
❸ 지나치다면 학교에서 어느 정도는 감안해 주겠지
❹ 점수화해서라도 봉사활동의 필요성을 알게끔 해야지

10. 가 : 국제화 시대에 우리 아이만 우물 안 개구리가 될까봐 걱정이 돼요.
    나 : 그래서 말인데 ________________________________?

❶ 그렇게 걱정이 많아서야 어떻게 아이를 키우겠어요
❷ 국제화니 뭐니 해도 우리 것이 더 소중하지 않아요
❸ 본인이 원하거들랑 어학연수라도 보내는 게 어떨까요
❹ 우물 안 개구리로 사는 게 어디 우리 아이 뿐이겠어요

11. 가 : 다이어트 한답시고 그렇게 굶기만 하다가는 몸이 상하기 십상이야.
    나 : 아닌게 아니라 ____________________.

❶ 힘이 없어서 업무를 못할 지경이야
❷ 몸이 상하는 한이 있더라도 포기할 수는 없어
❸ 이제부터는 먹는 둥 마는 둥 해야 할 것 같아
❹ 다이어트를 시작한 이상 마음껏 먹을 수는 없어

12. 가 : 이번 징계 결정에 해당자들의 반발이 매우 심할 텐데요.
    나 : 그래도 어쩔 수 없지요. ____________________.

❶ 징계 결정을 철회하면 그만입니다
❷ 문제도 문제려니와 반발이 더 걱정입니다
❸ 이 문제는 더 이상 재고의 여지가 없습니다
❹ 결정이 떨어지기가 무섭게 반발할 테니까요

13. 가 : 이번 올림픽에서도 편파적인 판정으로 말이 많던데요.
    나 : 그러게요. 그래도 ____________________.

❶ 선수들의 반칙 때문이겠거니 해야지요
❷ 심판들은 잘못된 판정으로 비난받기 일쑤지요
❸ 자국 팀에게 유리한 편파적인 판정인 듯싶어요
❹ 승복해야하는 경우가 많으니 답답하기 짝이 없어요

14. 가 : 심혈을 기울였던 작품이 망가졌으니 제정신이 아니었겠지요. 이해하세요.
    나 : 아무리 그렇다손 치더라도 ____________________?

❶ 그렇게 심혈을 기울이면 어떻게 해요
❷ 작품을 망가뜨리는 건 좀 심하지 않아요
❸ 그렇게 함부로 막말을 해서야 되겠습니까
❹ 빨리 정신을 차려야 이해할 수 있지 않겠어요

15. 가 : 달고 기름진 음식이나 즉석가공식품은 우리 몸의 저항력을 떨어뜨리지요.
나 : 그러니 ____________________.

❶ 학교 앞 불량식품 판매를 단속한들 소용이 없어요
❷ 아이들로 하여금 그런 식품을 멀리 하도록 교육을 강화해야지요
❸ 비타민과 미네랄이 풍부한 채소와 해조류 섭취가 늘 턱이 없어요
❹ 건강에 좋은 인스턴트식품 개발에 매진하다 보면 좋은 결과를 얻으리라고 봅니다

16. 가 : 당일 배송이라고 그렇게 광고하더니만 주문한 물건이 여태 도착을 안 했어요?
나 : 네, 아무래도 ____________________.

❶ 주문한 이상 기다려 볼 수밖에요
❷ 배송 과정에서 착오가 생긴 듯싶어요
❸ 당일 배송이랍시고 너무 서두른 것 같아요
❹ 배송은 고사하고 아직 주문도 안 했는데요

17. 가 : 이번 장마는 비가 오락가락 지루하게 이어지고 있네.
나 : 글쎄 말이야. ____________________.

❶ 비는 고사하고 햇볕만 내리쬐는 걸
❷ 신문을 보니까 외출지수가 아주 높더라
❸ 아침에도 해가 날락 말락 하다가 비가 왔잖아
❹ 태풍까지 오는 날에는 무방비 상태로 피해를 입을 거야

18. 가 : 공업용 색소를 사용한 빙과류 제조업체가 또 검찰에 적발됐대요.
나 : 사실 ____________________.

❶ 색소를 넣는 둥 마는 둥 하니까 소비자가 잘 모르지요
❷ 여름 내내 폭염이 계속되니 그런 일이 생길 법도 하네요
❸ 빙과류는 맛도 중요하거니와 색상에도 신경 써야 하니까요
❹ 안 먹으면 그만이지만 그런 나쁜 짓을 한다는 사실에 화가 나네요

19. 가 : 소식 들었어요? 이번 승진 심사에서 김 과장님이 탈락되셨다는군요.
나 : 정말이에요? 그런 줄도 모르고 ________________________________.

❶ 무소식이 희소식이라고 한걸요
❷ 너무 상심하지 마시라고 했지 뭐예요
❸ 심사가 공정하지 않았던 것 같다고 그랬어요
❹ 축하드린답시고 눈인사까지 하며 악수를 청했는데요

20. 가 : 재개발 사업이 무산되면서 정부에 대한 지역 주민들의 원성이 자자해요.
나 : 네, 저도 압니다. 그러나 ________________________________.

❶ 원성이 없을 리가 없지요
❷ 원성이 자자한 판에 억지로 진행할 수는 없어요
❸ 지역주민의 원성이 커질 대로 커져서 어쩔 수 없어요
❹ 원성이 있을지라도 합리적인 결정이라면 따라야겠지요

Ⅶ. 틀린 문장 찾기

※ 다음 밑줄 친 부분의 쓰임이 맞지 않는 것을 고르십시오.

1. (　　)

❶ 배가 부르다 못해 터질 것 같아요.
❷ 내일이 오늘보다 더 나으리라는 기대를 하고 살지요.
❸ 라디오에서 좋아하는 노래가 나오기에 듣는 둥 마는 둥 했어.
❹ 머리가 나쁘다는 말까지 들어가면서 일을 하느니 그만두겠어요.

2. (　　)

❶ 클래식 음악은 마음을 차분하게 하는 데 효과가 있어요.
❷ 막상 혼자 배낭여행을 떠나자니 기대감에 마음이 벅차오르네요.
❸ 비상열쇠가 있었기에 망정이지 집에 못 들어갈 뻔했어요.
❹ 빈부 격차 문제가 심각한데 경제가 발전한들 무슨 소용이 있겠어?

3. (   )

❶ 막 잠이 들려던 차에 전화가 와서 깼어요.
❷ 좀 돌아서 간댔자 시간이 더 걸릴 수도 있지요.
❸ 지금쯤 집에 도착했겠거니 하고 전화해 봤는데 받지 않네요.
❹ 고객들이 신제품의 기능을 쉽게 이해하게끔 설명서를 만들어야 합니다.

4. (   )

❶ 이번 행사에 사회를 봐 주십사 하고 전화드렸습니다.
❷ 텔레비전을 켜 놓은 채 잠이 든 적이 한두 번이 아니에요.
❸ 아무리 세상이 각박해졌기로서니 옆집에 누가 사는지 다 알아요.
❹ 획기적인 방안이 나오면 몰라도 지금의 사태를 해결하기는 쉽지 않습니다.

5. (   )

❶ 이번 한 번만 속는 셈치고 도와주시면 안 될까요?
❷ 이번에 출시된 제품은 가격도 비싸려니와 새로운 기능이 추가되었다.
❸ 관객들이 지켜보는 가운데 이번 영화제의 개막작이 상영되었다.
❹ 밤샘 촬영에 피곤할 법도 한데 배우들은 시종일관 웃음을 잃지 않았다.

6. (   )

❶ 열심히 사노라면 고생스러운 날도 있겠지.
❷ 빠른 속도로 말하되 정확한 발음으로 말해야 합니다.
❸ 일이 빨리 마무리되면 좋으련만 언제 끝날지 막막하기만 하다.
❹ 오랜만에 영화라도 같이 볼라치면 친구들은 늘 시간이 없다고 한다.

7. (   )

❶ 알려드린 바와 같이 다음 주 송년회 모임은 부부 동반입니다.
❷ 사람들에게 사랑을 받고 못 받고는 다 본인 하기 나름입니다.
❸ 그렇게 잠 못 이루고 뒤척일 바에야 일어나서 책이라도 읽으세요.
❹ 당장은 아무 문제가 없다 쳐도 앞으로 문제가 생기지 않을 겁니다.

8. (　　　)

❶ 경찰의 안이한 대응으로 말미암아 다 잡은 범인을 놓쳤다.
❷ 어머니를 도와 드린답시고 부엌을 난장판으로 만들었어요.
❸ 그림에 소질이 있어서 미술대회에 나갔다 하면 상을 받기 일쑤였어요.
❹ 이번 박람회에는 다양한 전시가 준비되어 있을뿐더러 수출상담도 할 수 있다.

9. (　　　)

❶ 홍삼이 몸에 좋다기에 온 가족이 같이 먹어 봅시다.
❷ 아무리 힘이 세다손 치더라도 그건 들 수 없을 거야.
❸ 이번에도 또 떨어지는 날엔 다시는 기회가 없을 테니까 알아서 해라.
❹ 사건 배후에 누군가 있다는 건 바보가 아닌 이상 다 아는 사실이다.

10. (　　　)

❶ 이제 와서 후회해 봤자 달라지는 건 하나도 없다.
❷ 수입이 점점 줄어드는 판에 형편이 나아지지 않고 있다.
❸ 고객님들의 성원에 보답하고자 할인행사를 마련했습니다.
❹ 너도 이제 사회인이 됐으니만큼 자기의 일은 스스로 결정해라.

Ⅷ. 제시된 표현을 사용하여 문장 만들기

※ 제시된 표현을 순서대로 모두 사용해서 〈　　　〉의 주제에 대한 문장을 만드십시오. (한 문장, 50자 내외)

1.

〈대기오염의 원인과 해결책〉
자동차 매연 / 대중교통 / 대체 에너지 / 서두르다

2.

〈건전한 선거 문화의 장애 요소〉
지연 / 학벌 / 얽매이다 / 올바르다

3.

〈언론의 사명〉
사실을 보도하다 / 그치다 / 권력을 비판하다 / 견제하다

4.

〈면접시험의 요령〉
예상하다 / 당황하다 / 자신감 / 태도

5.

〈대중교통 이용 확대 방안〉
노선을 확대하다 / 서비스 / 개선하다 / 유도하다

6.

〈고령화 사회의 문제점〉
노인 인구 / 급속하다 / 노동력 / 생산력

7.

〈걷기 운동의 효과〉
신체적 / 각종 질병 / 정신적 / 스트레스

8.

〈광고가 소비자에게 미치는 영향〉
올바른 선택 / 정보를 전달하다 / 현혹시키다 / 일쑤이다

9.

〈주부의 일상과 고충〉
가사분담 / 집안일 / 아이 교육 / 모자라다

10.

〈자연 환경 보존을 위한 자세〉
미래 / 물려주다 / 시민 / 관심을 쏟다 / 달려 있다

11.

〈저출산의 원인〉
고학력 / 사회 진출 / 활발하다 / 연령 / 야기하다

12.

〈진정한 스포츠 정신〉
정정당당 / 경쟁 / 심판 / 판정하다 / 승복하다

13.

〈조기 유학의 성공여부〉
나이 / 본인의 의사 / 고려하다 / 실패하다

14.

〈청소년 인터넷 중독의 원인〉
맞벌이 가정 / 저소득층 / 관리 / 소홀하다 / 빠지다

15.

〈공교육의 미래〉
학교 / 학부모 / 신뢰 / 얻다

16.

〈도시 근로자의 비애〉
월급 / 저축하다 / 장만하다 / 희망

17.

〈보험의 필요성〉
갑작스럽다 / 발생하다 / 경제적 부담 / 노후 / 보장하다

18.

〈현대 의학 발전의 혜택〉
눈부시다 / 성장하다 / 수명 / 연장하다

19.

〈시장의 역할〉
생산자 / 소비자 / 수요와 공급 / 가격 / 결정하다

20.

〈여행의 진정한 의미〉
일상 / 벗어나다 / 돌아보다 / 경험 / 성장시키다

종합 연습문제

總合練習問題

1회

[1-4] 다음 (　　　)에 알맞은 것을 고르십시오.

1. 신문사의 사회부 기자는 특종을 잡기 위해 매일 경찰서에 (　　　).

❶ 출근하는 법이다　❷ 출근하겠거니 한다
❸ 출근하다시피 한다　❹ 출근하면 그만이다

2. 직원의 업무 처리가 너무 느려서 (　　　) 속이 터질 것 같았어요.

❶ 답답하련마는　❷ 답답하거들랑　❸ 답답하다 치고　❹ 답답하다 못해

3. 노사 양측의 입장 차이가 너무 커서 시간을 (　　　) 해결책이 나올 것 같지 않습니다.

❶ 끌고자　❷ 끌 바에　❸ 끌어서야　❹ 끌어 봤자

4. 시민들의 편의를 위해 도로를 (　　　) 1년째 공사를 해서 오히려 통행에 불편을 주고 있다.

❶ 넓힌답시고　❷ 넓히게끔　❸ 넓힌다기에　❹ 넓힘으로써

[5-8] 다음 밑줄 친 부분과 의미가 가장 비슷한 것을 고르십시오.

5. 문제를 일으켜 놓고선 뒤늦게 수습을 <u>한다고 해서</u> 상황이 쉽게 좋아질 리가 있겠어요?

❶ 할라치면　❷ 하겠냐마는　❸ 하련마는　❹ 하려고 한들

6. 학부모들은 막대한 예산을 들여 무상급식을 <u>하는 것보다</u> 학교의 안전시설을 확충해 주기를 바라고 있다.

❶ 하느니　❷ 할뿐더러　❸ 하겠답시고　❹ 하기로서니

7. 환율이 떨어져 이윤을 남기기는커녕 빚만 지게 되었다고 중소 무역업체들은 하소연하고 있다.

❶ 남기겠거니 하고　❷ 남기다시피 해도
❸ 남긴다손 치더라도　❹ 남기는 건 고사하고

8. 환경악화로 인해 지구상의 많은 생물종들이 예전과 비교할 수 없을 정도로 빨리 멸종되고 있다.

❶ 없는 양　❷ 없으나마　❸ 없으리만치　❹ 없다는 듯이

[9-11] **다음을 읽고 (　　　)에 알맞은 것을 고르십시오.**

9.

하루 종일 허리 굽히고 일해야 하는 여성들에게 설날과 추석은 노동의 시간이다. 온 가족이 한 데 모이는 기쁨은 얼마 지나지 않아 피로감으로 (　　　) 여성들은 해마다 찾아오는 명절이 그리 반갑기만 하지는 않다.

❶ 바뀌다 못해　❷ 바뀌는 날에는
❸ 바뀌기가 무섭게　❹ 바뀌기 일쑤여서

10.

비인기 종목에 대한 지원이 점점 (　　　) 김지성 선수의 금메달 획득은 가뭄의 단비 같은 반가운 소식이 아닐 수 없다. 이번 기회를 통해 비인기 종목에 대한 국민들의 지속적인 관심과 정부의 꾸준한 지원이 이어지기를 바란다.

❶ 줄어든다 치더라도　❷ 줄어들고 있는 가운데
❸ 줄어들고 있으니만큼　❹ 줄어드는 건 차치하고

11.

소비자의 과실로 제품이 손상됐을 경우, 대부분 보상을 (　　　) 유상 수리를 해야 하는 게 일반적이다. 그러나 '고객 과실 보장 서비스'는 고객의 실수나 우발적 사고의 경우에도 무상으로 수리해 주거나 부품을 교체해 주는 획기적인 서비스로 관심이 주목된다.

❶ 받지 못할뿐더러 ❷ 받지 못하나마 ❸ 받지 못하던 차에 ❹ 받지 못하는 데에

[12-14] **다음을 읽고 밑줄 친 부분과 의미가 가장 비슷한 것을 고르십시오.**

12.

한국인들은 수많은 의식과 모임 속에 살고 있다. 의식이란 개인보다는 집단의 동질성과 유대를 강조하는 한국 문화에서 지속적인 소속감과 상호 작용을 이끌어 낼 수 있는 만남의 장임과 동시에 인맥을 중시하는 한국 특유의 사회성을 잘 부각시키는 장이라 할 수 있다.

❶ 만남의 장이자 ❷ 만남의 장인들 ❸ 만남의 장이되 ❹ 만남의 장인 바

13.

속담은 주로 입에서 입으로 전해졌으므로 형태적으로 기억하기 쉬운 구조를 가지고 있다. 간결함과 동시에 운율이 살아있기도 하고 대구로 표현의 멋을 살리기도 한다. '그림의 떡', '윗물이 맑아야 아랫물이 맑다' 등을 그 예로 들 수 있겠다.

❶ 전해진 이상 ❷ 전해진 까닭에 ❸ 전해진 한편 ❹ 전해진 가운데

14.

연세 전자의 상반기 매출은 이미 손익분기점을 넘어서 고공 행진을 계속하고 있다. 이러한 성과는 전 세계적인 금융 위기로 경제 상황이 어려운데도 과감한 투자와 강도 높은 혁신 활동으로 사업 경쟁력을 강화했기 때문이라고 전문가들은 분석하고 있다.

❶ 어렵던 차에 ❷ 어려운 한편 ❸ 어려움에도 불구하고 ❹ 어려움으로 말미암아

[15-16] **다음을 읽고 물음에 답하십시오.**

담배와 관련된 여러 설화를 보면 그 이야기에 기생이 등장하는 경우가 많은데 왜일까? 그것은 당대 사람들이 담배를 요사스러운 풀로 생각했기 때문이며, 실제로 요초라고 부르기도 했다. 충북 공주 지방에 전하는 이야기에도 옛날 어떤 남자를 연모하던 기생이 (　㉠　) 입이라도 맞춰 보고 싶어 하여 죽은 기생의 넋이 무덤 위에 피어나 담배가 되었다는 이야기가 나온다. 즉, 담배는 정신과 기력을 쇠하게 하면서도 ㉡잊으려 해도 잊지 못할 요사스러운 풀이라는 것이다. 그래서 담배를 일명 상사초라고도 한다.

15. ㉠에 알맞은 것을 고르십시오.

❶ 죽거들랑　❷ 죽어서나마　❸ 죽을지라도　❹ 죽으리만치

16. ㉡과 바꾸어 쓸 때 알맞은 것을 고르십시오.

❶ 잊은들　❷ 잊으려야　❸ 잊을세라　❹ 잊으리라고

[17-18] **빈칸에 알맞은 것을 고르십시오.**

17. 가 : 이산화탄소 발생량을 줄이기 위해서는 차량 운행을 제한하는 것이 최선의 방법이라고 봅니다.
나 : 그렇다면 ______________________

❶ 차량 운행을 제한하느니만 못합니다.
❷ 이미 제한을 하고 있기에 망정이지 큰일이군요.
❸ 보다 강력한 법안을 마련하는 것이 시급한 바입니다.
❹ 이산화탄소 발생으로 말미암아 시민들의 피해가 큽니다.

18. 가 : 분명히 상대팀이 먼저 반칙을 했는데 다시 한 번 항의해 봅시다.
나 : 소용없어요. ______________________

❶ 상대팀이 반칙을 할 턱이 있나요?
❷ 항의를 하되 절차를 제대로 밟으세요.
❸ 심판으로 하여금 사과를 하게끔 해야 해요.
❹ 심판의 결정이 난 이상 번복은 없을 겁니다.

[19-20] **제시된 표현을 순서대로 모두 사용해서 〈　　〉의 주제에 대한 문장을 만드십시오. (한 문장, 50자 내외)**

19.

〈대체 에너지 개발의 필요성〉
자원 / 고갈 / 대책 / 서두르다

____

____

____

20.

〈바람직한 여가 활동〉
흥미 / 파악하다 / 경제 형편 / 고려하다 / 즐기다

____

____

____

2회

[1-4] 다음 (　　　)에 알맞은 것을 고르십시오.

1. 법의 적용은 누구에게나 (　　　) 사건의 진상을 잘 조사하여 억울함이 없도록 해야 할 것이다.

❶ 엄격히 하되　❷ 엄격히 하거늘　❸ 엄격히 하려니와　❹ 엄격히 함으로써

2. 친구, 동료는 사라지고 경쟁자만이 존재하는 현실에서 인간적인 (　　　) 따뜻한 인사조차 나누기 힘들다.

❶ 정이나마　❷ 정은 고사하고　❸ 정 뿐만 아니라　❹ 정으로 말미암아

3. 보다 확실한 미래를 (　　　) 지금의 생활에 안주하지 말고 필요한 자격증이라도 따지 그래요?

❶ 잡겠냐마는　❷ 잡음으로써　❸ 잡는다 치고　❹ 잡으려거들랑

4. 세계 선수권 대회에서 두 차례나 메달 획득에 (　　　) 이제 감독의 자질뿐만 아니라 대표선수 선발 과정에 대한 의혹까지 제기되고 있다.

❶ 실패하자　❷ 실패하되　❸ 실패하고자　❹ 실패하기에

[5-8] 다음 밑줄 친 부분과 의미가 가장 비슷한 것을 고르십시오.

5. 최고급을 표방하며 출시된 신상품이 겉으로 보기에는 <u>평범하기만 했다</u>.

❶ 평범할 리가 없었다　❷ 평범한 듯싶었다
❸ 평범하기 짝이 없었다　❹ 평범할 턱이 없었다

6. 단시간 내에 운동효과를 <u>얻으려고</u> 무리한 운동을 하다가 관절이 망가지는 경우가 많다.

❶ 얻게끔　❷ 얻을지니
❸ 얻은 셈치고　❹ 얻으려는 나머지

7. 강풍만 불지 <u>않았다면</u> 불길을 빨리 잡을 수 있었을 텐데 피해가 커져 안타깝습니다.

❶ 않게끔 ❷ 않았던들
❸ 않았기로서니 ❹ 않았음으로써

8. 누구나 형편이 어려웠던 시절, 걱정이 <u>없으셨겠냐마는</u> 어머니는 궁핍한 내색을 하지 않으시고 우리를 키워 주셨다.

❶ 없었을망정 ❷ 없으셨기로서니
❸ 없으셨을까마는 ❹ 없으셨을지라도

[9-11] **다음을 읽고 (　　　)에 알맞은 것을 고르십시오.**

9.

최근 성공적인 직장생활에 대해 조언해 주는 책들이 서점가에서 인기를 끌고 있다. 이들이 한결같이 일러주는 사실은 성급하게 뭔가 실적을 올리려고 하지 말고 자기에게 주어진 일을 충실히 (　　　) 언젠가 기회는 올 것이며 그 기회를 놓치지 않는 것이 중요하다는 것이다.

❶ 하다 못해 ❷ 하노라면
❸ 하는 날에는 ❹ 하고 있으니 만큼

10.

이런 성격은 결단력이 강하며, 일단 결정을 내린 후에는 자신이 설정한 목표를 실현하기 위하여 강한 의지와 인내심을 발휘하여 일을 추진한다. 일을 (　　　) 하는 욕구가 강하므로 목표를 달성하기 전에는 만족하지 못한다.

❶ 마무리 짓고자 ❷ 마무리 짓다시피
❸ 마무리해 주십사 ❹ 마무리 지으려니

11.

중병으로 인해 심약해진 환자에게 시한부 선고를 한다면 환자의 상태는 더욱 나빠질 수도 있다. 하지만 고통의 시간을 (   ) 환자 스스로가 자신의 인생을 정리할 수 있도록 미리 알려 주는 것이 바람직하다고 본다.

❶ 보내겠냐마는
❷ 보냈으니 만큼
❸ 보냈으련마는
❹ 보내는 한이 있더라도

[12-14] **다음을 읽고 밑줄 친 부분과 의미가 가장 비슷한 것을 고르십시오.**

12.

100원짜리 동전에 있는 충무공 이순신은 조선시대의 명장으로서 거북선을 처음 만들어 사용했으며 외세의 공격으로부터 조선을 지켰다. 투철한 조국애와 뛰어난 전략으로 적을 격퇴하여 역사상 가장 추앙받는 장수의 한 사람이 되었다.

❶ 격퇴한 이상
❷ 격퇴하였건대
❸ 격퇴함으로써
❹ 격퇴하기가 무섭게

13.

지금은 먹을 반찬이 많지만 먹을 것이 별로 없던 시절에는 김장하는 양이 엄청나게 많아 한 집에서 배추를 몇 백 포기씩 담그기도 했다. 그 많은 일을 하려면 여러 사람의 손길이 필요했으므로 이웃끼리 서로 도와 가며 품앗이를 했다.

❶ 필요했기에
❷ 필요할진대
❸ 필요하니만큼
❹ 필요하려니와

14.

화석연료에 비해서 풍력, 수력, 태양력과 같은 재생 가능한 에너지 자원을 사용하는 것은 비용이 많이 든다. 따라서 어떤 종류의 전력 자원을 개발하더라도 예산을 충분히 고려하여 계획해야 한다.

❶ 개발한들
❷ 개발할지라도
❸ 개발하는 한
❹ 개발하는 이상

[15-16] **다음을 읽고 물음에 답하십시오.**

한국갤럽에서 '예전에는 쉽게 볼 수 있었지만 지금은 사라지고 있는 것들'이라는 주제로 한국 성인 남녀를 대상으로 설문 조사를 (　㉠　). 오래 전에는 쉽게 볼 수 있었지만 요즘은 잘 볼 수 없거나 잊혀진 것들로 무엇이 가장 먼저 생각나는지에 대해 물었다. 단어만 들어도 추억이 떠오르고 향수가 느껴지는 많은 것들이 급격한 변화 속에서 사라지고 있다. 휴대전화가 등장하기 전 첨단 통신기기였던 '삐삐'가 사라지고 대중들의 주요 통신 수단이었던 '공중전화'가 사라지고 있다는 것은 격세지감을 느끼게 한다. 또한 '사람간의 정'이나 '넉넉한 인심'과 같이 온정이 식어버린 세태를 반영하는 답변들도 있었다. '정'을 중시하던 우리 사회의 모습도 함께 사라지는 것 같아 ㉡ 안타깝기 그지없다.

15. ㉠에 알맞은 것을 고르십시오.

❶ 할 법하다
❷ 한 바 있다
❸ 하다시피 했다
❹ 할 리가 없다

16. ㉡과 바꾸어 쓸 때 알맞은 것을 고르십시오.

❶ 안타까울 따름이다
❷ 안타까울 뻔 했다
❸ 안타까울 리가 없다
❹ 안타까울 턱이 없다

[17-18] 빈칸에 알맞은 것을 고르십시오.

17. 가 : 이번에 이뤄진 파격적인 승진인사에 대해 직원들의 불만이 많다고 들었습니다.
    나 : 그렇다고 ______________________________

❶ 인정해 주시니 감사할 따름입니다.
❷ 어디 뒷말이 없는 인사가 있던가요?
❸ 항의를 해봤자 사장님 눈 밖에 날 뿐일걸요.
❹ 승진은 고사하고 쫓겨나지 않으면 다행이지요.

18. 가 : 정부가 출산장려비도 주고 양육비도 보조해준다는데 왜 아이를 안 낳을까요?
    나 : 그러게요. ______________________________

❶ 돈을 안 주느니만 못한 듯싶어요.
❷ 이런 일은 정부가 하기 나름이라니까요.
❸ 그럼 출산율이 늘어날 법도 한데 말이에요.
❹ 양육비는 고사하고 출산이라도 하면 좋겠네요.

[19-20] 제시된 표현을 순서대로 모두 사용해서 〈 〉의 주제에 대한 문장을 만드십시오. (한 문장, 50자 내외)

19.

〈흡연의 부정적인 영향〉
신체적 / 유발하다 / 타인 / 피해를 주다

____

____

____

20.

〈출산 장려 방안〉
정부 / 보육시설 / 확충하다 / 지원하다

3회

1. 새로 출간된 '놀이 영어'는 리듬에 맞춰 노래하듯 문장을 읽으면 자연스럽게 영어가 머릿속에 (　　　) 구성된 것이 특징이다.

❶ 들어오게끔　　❷ 들어오므로　　❸ 들어오거니와　　❹ 들어오겠냐마는

2. 우리 몸의 피하지방은 추위를 견디고 에너지를 (　　　) 중요한 역할을 한다.

❶ 제공하는 바　　❷ 제공하는 한　　❸ 제공하는 데　　❹ 제공하는 양

3. 모처럼 한가로이 책이라도 (　　　) 울려 대는 전화벨 소리에 마음이 흐트러지곤 한다.

❶ 읽노라면　　❷ 읽던 차에　　❸ 읽는 통에　　❹ 읽을라치면

4. 문화재청의 관리 (　　　) 소중한 문화유산이 위기에 처해 있습니다.

❶ 소홀로 미루어　　❷ 소홀로 말미암아　　❸ 소홀은 고사하고　　❹ 소홀은 차치하고

[5-8] 다음 밑줄 친 부분과 의미가 가장 비슷한 것을 고르십시오.

5. 소득이 많다고 해도 저축을 하지 <u>않는 이상</u> 재산이 불어나기는 힘들다.

❶ 않는 한　　❷ 않는 양　　❸ 않는 바　　❹ 않는 한편

6. 꽃다운 나이에 불의의 사고를 당한 여배우의 소식을 들으니 <u>안타깝기 그지없습니다</u>.

❶ 안타까울 법합니다　　❷ 안타깝기 짝이 없습니다
❸ 안타깝기 나름입니다　　❹ 안타까울 턱이 없습니다

7. 앞서 <u>말씀드렸다시피</u> 마련된 기금은 소년소녀가장을 위해 쓰일 예정이오니 적극 협조해 주시기 바랍니다.

❶ 말씀드렸으므로　　❷ 말씀드림으로써
❸ 말씀드렸다 치고　　❹ 말씀드린 바와 같이

8. 신화는 사라진 옛날의 이야기가 아니라 한 민족의 마음 밑바닥에 간직된 의식이요, 철학인 것이다.

❶ 의식이자 ❷ 의식인 바 ❸ 의식이냐 ❹ 의식이려니와

[9-11] **다음을 읽고 ( )에 알맞은 것을 고르십시오.**

9.

> 인천시는 인천 시청 앞 광장을 월드컵 거리 응원에 참여하는 시민들과 단체에 개방한다. 광장의 조성 목적이 ( ) 건전하게 여가를 즐기고 문화 활동을 할 수 있도록 함에 있으니만큼 상업적 목적이 아닌 자발적인 응원은 적극 환영한다고 밝혔다.

❶ 시민이랍시고 ❷ 시민이면 몰라도 ❸ 시민들로 하여금 ❹ 시민으로 말미암아

10.

> 요즘 아이들은 태어나자마자 무엇이든 배워야 한다. 그러나 무리한 조기교육은 많은 문제점을 낳기도 한다. 어려서부터 경쟁을 시작하게 되므로 아이들이 심한 스트레스를 ( ) 성격도 난폭해지고 자신밖에 모르는 이기주의자가 되기도 한다.

❶ 받거니와 ❷ 받거들랑 ❸ 받을망정 ❹ 받아서야

11.

> 꿈을 향한 탄광 소년이 펼치는 웃음과 감동의 드라마! 가난한 탄광 마을의 소년이 아버지의 ( ) 세계 최고의 발레 학교에 입학하기까지의 험난한 과정을 그린 감동적인 실화! 2010년 아카데미 최우수 작품상 후보에 오른 최고의 화제작! 기대하셔도 좋습니다.

❶ 반대로 미루어 ❷ 반대를 무릅쓰고
❸ 반대는 고사하고 ❹ 반대로 말미암아

[12-14] **다음을 읽고 밑줄 친 부분과 의미가 가장 비슷한 것을 고르십시오.**

12.

서울시 서초동 가정법원 옆에 위치한 '김미선 가정상담소'. 13년째 상담소를 운영해 오고 있는 소장 김미선 씨는 위기를 맞은 부부들과 10년 넘는 세월을 동고동락하고 있다. 위치가 위치인지라 밀려드는 상담에 고단하고 <u>힘들 것 같은데</u> 늘 얼굴에 함박웃음을 지으며 일하고 있다.

❶ 힘든 판인데　　❷ 힘들 따름인데
❸ 힘든 가운데　　❹ 힘들 법도 한데

13.

한 정보기술 전문 인터넷신문이 본인 확인제 즉, 실명제를 거부해 화제가 되고 있다. 관련 법규에 따르면 하루 방문자 수가 10만 명을 넘을 경우 제한적으로 본인 확인제 의무대상이 되는데, 이 신문사 대표는 표현의 자유를 제약하는 실명제를 <u>하느니</u> 차라리 댓글을 없애겠다는 입장이다.

❶ 할라치면　　❷ 할까마는
❸ 할 바에야　　❹ 하는 날에는

14.

어린아이에게 태양을 그려보라고 하면 아이들은 마치 <u>약속이라도 한 것처럼</u> 빨간색 크레용을 손에 쥐고 둥근 해를 그린 다음, 그 주변에 점점으로 퍼져나가는 광선 모양을 그려 넣는다. 그 이유는 무엇일까?

❶ 약속을 하던 차에　　❷ 약속이나 한 듯이
❸ 약속하기가 무섭게　　❹ 약속이겠거니 하고

[15-16] 다음을 읽고 물음에 답하십시오.

> 대학의 발전에 기여한 사람에게 입학 시 혜택을 주는 기여 입학제에 대한 논란이 (㉠) 서울의 한 사립대학이 이 제도를 추진 중에 있어 귀추가 주목되고 있다. 대학 관계자는 대학의 고유 권한인 학생 선발권, 대학의 재정 확보를 통한 교육시설 확충과 장학금 확대 등을 도입 추진 이유로 들고 있지만 이 제도는 사회적 불평등을 조장한다는 부정적인 면이 있다. 기여 입학의 적용 대상이 명시적이고 기부금의 사용처가 ㉡분명하다고 해도 기부금을 전제로 한 기여 입학제의 도입은 한국인의 정서상 아직 시기상조임에 분명하다.

15. ㉠에 알맞은 것을 고르십시오.

❶ 뜨거운 통에　　❷ 뜨거울 지경에　　❸ 뜨거운 까닭에　　❹ 뜨거운 가운데

16. ㉡과 바꾸어 쓸 때 알맞은 것을 고르십시오.

❶ 분명할지라도　　❷ 분명하려니와　　❸ 분명하니만큼　　❹ 분명하겠냐마는

[17-18] 빈칸에 알맞은 것을 고르십시오.

17. 가 : 이번 영화제에서 다들 감독님의 작품이 최우수상을 받을 거라고 예상하고 있습니다.
나 : 글쎄요. ______________________

❶ 예상하시다시피 상을 받을 리 만무합니다.
❷ 최우수상이면 몰라도 가능성이 별로 없을 듯싶어요.
❸ 워낙 출품작들이 우수하니만큼 자신할 수만은 없네요.
❹ 상을 받은 셈 치고 다음 작품에 최선을 다 하겠습니다.

18. 가 : 외국어 학습을 위한 조기유학은 나이가 어릴수록 좋을 것 같아.
나 : 과연 그럴까? ______________________

❶ 아이가 원한다면 그만이지 뭐.
❷ 어리다손 치더라도 유학을 안 보낼 수는 없지.
❸ 아이들로 하여금 외국어에 흥미를 느끼게끔 해야 돼.
❹ 아이가 낯선 환경에 적응 못하면 안 보내느니만 못할 수 있어.

[19-20] 제시된 표현을 순서대로 모두 사용해서 〈　　〉의 주제에 대한 문장을 만드십시오. (한 문장, 50자 내외)

19.

〈올바른 인터넷 예절〉
상대방 / 불쾌감 / 비난하다 / 존중하다

____

____

____

20.

〈한자 교육의 필요성과 효과〉
절반 이상 / 한자 어휘 / 어휘력 / 이해하다

____

____

____

4회

[1-4] 다음 (　　　)에 알맞은 것을 고르십시오.

1. 이번 참사는 온 국민이 마치 자신의 (　　　) 가슴 아파하고 있습니다.

❶ 일인 바　　❷ 일인 양　　❸ 일이므로　　❹ 일인 셈치고

2. 어머니가 잔뜩 준비해 놓은 회초리를 (　　　) 나는 모든 게 들통 났다는 걸 직감했다.

❶ 보되　　❷ 보자　　❸ 보자니　　❹ 보노라면

3. 한국과 프랑스 정부가 도서 반환에 대한 협정문에 정식으로 (　　　) 문화재급 도서가 다수 국내로 돌아오게 됐다.

❶ 서명한 이상　　❷ 서명해서야　　❸ 서명함으로써　　❹ 서명한 가운데

4. 살인 혐의로 조사를 받다가 도망친 용의자가 도주한 지 일주일 만에 (　　　) 발견돼 수사가 원점으로 돌아왔다.

❶ 숨진 채　　❷ 숨졌기에　　❸ 숨졌거니와　　❹ 숨진 마당에

[5-8] 다음 밑줄 친 부분과 의미가 가장 비슷한 것을 고르십시오.

5. 새 교육정책이 실시된 후에도 많은 학부모들은 사교육비가 과거보다 <u>줄어들기는커녕</u> 더 증가하기만 해서 힘들다고 느끼고 있다.

❶ 줄어드는 가운데　　❷ 줄어들겠거니 하고

❸ 줄어든다손 치더라도　　❹ 줄어드는 건 고사하고

6. 처음엔 무슨 얘긴가 싶겠지만 계속 <u>읽다 보면</u> 작가의 상상력이 빚어낸 판타지의 세계로 빠져들고 만다.

❶ 읽거니와　　❷ 읽노라면　　❸ 읽을지니　　❹ 읽건마는

7. 사표를 <u>내려고 하니</u> 애들 학비 걱정이 앞서고 그냥 참고 다니려니 자존심 상하는 일이었다.

❶ 내자니 ❷ 내다 못해 ❸ 낼지라도 ❹ 내겠답시고

8. 새끼들이 비에 <u>젖을까 봐</u> 두 날개로 꼭 품어 안고 있는 어미 새의 모습은 진짜 감동적이었다.

❶ 젖은들 ❷ 젖겠거니 ❸ 젖을세라 ❹ 젖을지언정

[9-11] **다음을 읽고 ( )에 알맞은 것을 고르십시오.**

9.

> 우리는 비가 많이 오는 자연환경 속에 살기 때문에 우리말에는 비를 나타내는 갖가지 말이 있다. 가랑비, 보슬비, 여우비, 장대비 등등. 그런데 산업사회로 접어들면서 농사의 값어치가 ( ) 비를 대수롭지 않게 여기는 세상이 되어선지 이런 말들을 다양하게 쓰지 않는 듯하다.

❶ 떨어진 판에 ❷ 떨어진 한편 ❸ 떨어진 까닭에 ❹ 떨어진 마당에

10.

> 인터넷이 사람들의 생활에 이렇게 깊이 ( ) 예측한 사람들은 많지 않다. 불과 얼마 전만 해도 컴퓨터를 통해 정보를 공유할 수 있을 거라는 말을 비웃는 사람이 많았다.

❶ 침투하는 가운데 ❷ 침투하리라고 ❸ 침투하였으므로 ❹ 침투하는 셈치고

11.

> 비타민의 가장 좋은 섭취 방법은 우리가 먹는 식품을 통해서이다. 채식과 육식이 골고루 들어간 식단을 ( ) 채소와 과일을 지금보다 더 많이 먹는다면 최상이다. 과일도 한 가지만 먹지 말고 계절에 따라 다양하게 섭취하는 것이 좋다.

❶ 짜되 ❷ 짜게끔 ❸ 짤까마는 ❹ 짤뿐더러

[12-14] 다음을 읽고 밑줄 친 부분과 의미가 가장 비슷한 것을 고르십시오.

12.

대기업은 연봉이 높고 복리후생이 잘 되어 있는 까닭에 취업준비자들이 너도나도 입사하려고 드는데, 무엇보다도 자기가 정말 하고 싶은 일을 할 수 있고 아울러 자신의 능력을 충분히 발휘할 수 있는 곳인지 먼저 살펴봐야 한다.

❶ 잘 되어 있으므로
❷ 잘 되어 있을지라도
❸ 잘 되어 있는 가운데
❹ 잘 되어 있는 건 차치하고

13.

성의 상품화가 왜곡된 성 문화를 조장할 위험을 안고 있는데도 우리 사회는 마치 이를 어쩔 수 없는 시대의 흐름인 것처럼 내버려 두고 있다. 심지어 성의 상품화를 부추기는 경향도 없지 않은 게 현실이다. 이런 사회적 분위기는 자라나는 청소년들의 성 의식과 가치관을 혼란스럽게 한다.

❶ 안고 있기에
❷ 안고 있는 통에
❸ 안고 있는 까닭에
❹ 안고 있음에도 불구하고

14.

요즘 부모들은 자녀들에게 일을 시키지 않는 경향이 있다. 경제적으로 여유가 있는 가정에서는 더욱 그러하므로 노동이 신성하다는 것을 교과서에서만 배우고 실제로 땀 흘려 일하는 경험을 전혀 쌓지 않고 성장하는 젊은이들이 많다.

❶ 그러한지라
❷ 그러하건마는
❸ 그러하거니와
❹ 그러할까마는

[15-16] 다음을 읽고 물음에 답하십시오.

사람들이 함께 일하다보면 사람들 사이에 오해와 의사소통의 문제가 (㉠). 지나치게 친밀한 접촉이 짜증스러울 수도 있고 너무 자주 보게 되면 서로에 대해 인내심이 없어지기도 한다. 또한 서로를 당연시 ㉡여기는 탓에 의사소통을 하기 위한 충분한 노력을 기울이지

> 않기도 한다. 이런 까닭에 사람들 사이에 적당한 거리감을 유지할 필요가 있다. 사실 우리는 상대방을 잘 몰라서가 아니라 너무 친숙함으로 인해서 상처를 주는 경향이 있기 때문이다.

15. ㉠에 알맞은 것을 고르십시오.

❶ 생기기 나름이다 ❷ 생길 법하다
❸ 생기기 일쑤이다 ❹ 생길 판이다

16. ㉡과 바꾸어 쓸 때 알맞은 것을 고르십시오.

❶ 여기는 한편 ❷ 여길 뿐더러
❸ 여기는 마당에 ❹ 여기는 나머지

[17-18] **빈칸에 알맞은 것을 고르십시오.**

17. 가 : 얼마 전에 복원 공사가 끝난 사찰 건물에 문제가 생겼다고요?
나 : 저도 들었어요. ________________

❶ 문제가 생길 리가 없잖습니까?
❷ 책임자를 문책해야하다마다요.
❸ 문제가 발견된 이상 철저한 원인 조사가 이뤄져야지요.
❹ 복원 공사를 서둘러 했기에 망정이지 큰일 날 뻔했군요.

18. 가 : 어깨통증으로 고생하신다더니 좀 어떠세요? 물리치료는 잘 받고 계신가요?
나 : 치료를 받긴 하는데 ________________

❶ 좋아지다마다요.
❷ 귀찮으리만치 자주 받아요.
❸ 일에 몰두하노라면 무감각해지겠지요.
❹ 업무량을 줄이면 몰라도 별로 나아지는 것 같지 않아요.

[19-20] **제시된 표현을 순서대로 모두 사용해서 〈 〉의 주제에 대한 문장을 만드십시오. (한 문장, 50자 내외)**

19.

〈화재 예방〉
사소하다 / 방심 / 대형 / 철저하다

____

____

____

20.

〈지도자의 덕목〉
변화 / 주도하다 / 현실 / 냉철하다/ 직시하다

____

____

____

5회

[1-4] 다음 (   )에 알맞은 것을 고르십시오.

1. 공사 마무리를 제대로 하지 않아 비가 오면 도로가 진흙탕이 (   ).

❶ 될 따름이다 ❷ 되기 일쑤이다 ❸ 될 턱이 없다 ❹ 되면 그만이다

2. 총탄이 빗발치듯 (   ) 소대장은 부하를 구하기 위해 위험을 무릅쓰고 달려 나갔다.

❶ 날아오는 통에 ❷ 날아오는 가운데 ❸ 날아오는 날에는 ❹ 날아오기가 무섭게

3. 다행히 노조가 농성을 풀어 공장이 정상적으로 (   ) 수출에 큰 차질을 빚을 뻔했다.

❶ 가동되는 한편 ❷ 가동되면 몰라도

❸ 가동됐으니만큼 ❹ 가동됐기에 망정이지

4. 아무리 동생이 성가시고 (   ) 동생을 때려서는 안 된다고 타일러도 소용이 없었다.

❶ 귀찮을진대 ❷ 귀찮을까마는 ❸ 귀찮다 못해 ❹ 귀찮다손 치더라도

[5-8] 다음 밑줄 친 부분과 의미가 가장 비슷한 것을 고르십시오.

5. 범인은 현장 검증에서 고개를 푹 <u>숙이고서</u> 사건 당시 상황을 재연했다.

❶ 숙인 채로 ❷ 숙일 망정

❸ 숙인 나머지 ❹ 숙이는 둥 마는 둥

6. 면접관 앞에서 쩔쩔매며 허둥거렸던 첫 면접 때의 내 모습은 다시 생각하기조차 <u>싫을 정도로</u> 어수룩한 사회 초년생의 모습 그 자체였다.

❶ 싫거니와 ❷ 싫은 듯이

❸ 싫다 못해 ❹ 싫으리만치

7. 사춘기에 접어든 아이는 늘 뭔가 못마땅한 얼굴로 인사도 제대로 하지 않고 제 방에 들어가 버리곤 해요.

❶ 할락 말락 ❷ 하랴 마랴 ❸ 하느냐 마느냐 ❹ 하는 둥 마는 둥

8. 우리 주변에 아무리 많은 사전이 있다고 해도 그것을 찾아보는 수고를 아낀다면 그 귀중한 지식들이 내 것이 될 수 없다.

❶ 있어 봤자 ❷ 있거니와 ❸ 있다 한들 ❹ 있다 못해

[9-11] 다음을 읽고 ( )에 알맞은 것을 고르십시오.

9.

이제는 더 이상 '친환경적'이라는 말로 포장된 무분별한 ( ) 우리의 세계적 자연 유산인 낙동강 하구가 더 이상 파괴되지 않기를 간절히 희망하며, 다음과 같은 조치를 정부가 실천에 옮겨 주기를 청원하는 바입니다.

❶ 개발로 말미암아 ❷ 개발을 무릅쓰고 ❸ 개발은 차치하고 ❹ 개발에도 불구하고

10.

글을 효과적으로 읽기 위해서 독자는 자신이 ( ) 글의 내용과 형식을 어느 정도 알아야 한다. 이는 독자가 그 글에 알맞은 독서 방법을 선택하는 데 도움이 된다.

❶ 읽는 바 ❷ 읽는 가운데 ❸ 읽고자 하는 ❹ 읽겠거니 하는

11.

우리는 문학 작품을 통해서 다른 사람의 삶과 현실을 접하곤 한다. 작품 속 사회와 대화하면서 우리 자신의 현실을 ( ) 우리가 누리고 있는 문화에 대해서 새로운 의미를 생각해 보기도 한다.

❶ 되짚어 보되 ❷ 되짚어 보게끔 ❸ 되짚어 본답시고 ❹ 되짚어 보는 한편

[12-14] **다음을 읽고 밑줄 친 부분과 의미가 가장 비슷한 것을 고르십시오.**

12.

공동주택에서 애완동물을 기르는 것은 개인의 자유이다. 따라서 다른 사람의 안전을 위협하지 <u>않는 이상</u> 악어를 기르든 강아지를 기르든 그 사람의 자유 의사에 맡겨야 한다고 생각한다.

❶ 않는 한 ❷ 않는 데
❸ 않은 양 ❹ 않은 채

13.

우리는 어떤 문화적 현상을 바라볼 때 객관적인 사고를 갖추어야 한다. 어떤 사회의 문화는 그 사회가 처해 있는 특수한 환경과 상황에 적응해 온 역사적 과정에서 <u>나온 것이므로</u> 그 나름대로의 가치를 가지고 있음을 간과해서는 안 된다.

❶ 나온 것인들 ❷ 나온 것인 바
❸ 나온 것이되 ❹ 나온 것인 양

14.

기여 입학제란 특정 학교에 물질을 무상으로 기부하여 현저한 재정적 공로를 세운 경우나 대학의 설립 또는 발전에 비물질적으로 기여하는 공로가 있는 사람의 직계자손에 대해 일정한 기준에 따라 입학이 <u>가능하도록</u> 특혜를 주는 제도를 말한다.

❶ 가능하게끔 ❷ 가능하건마는
❸ 가능하기에 ❹ 가능하리라고

[15-16] **다음을 읽고 물음에 답하십시오.**

대학에서 지역 주민들을 위한 사회사업의 일환으로 대학 박물관을 개방해서 좋은 반응을 얻고 있다. 지역주민에게 박물관을 (㉠) 소장품에 대한 해석을 제공하는 것에서부터 관람자에게 의미있는 교육적 경험을 제공하는 것이다. 따라서 국립 박물관이 없는 지역이나 문화 시설이 빈약한 곳에 사는 주민들에게는 ㉡기회일뿐더러 문화 체험의 기회가 된다. 그러므로 더욱 다양한 교육 프로그램 개발에 노력한다면 대학 박물관이 지역 사회에서도 훌륭한 교육 기관으로 자리 잡을 수 있을 것이다.

15. ㉠에 알맞은 것을 고르십시오.

❶ 개방하고자 ❷ 개방하기로서니 ❸ 개방함으로써 ❹ 개방하는 날에는

16. ㉡과 바꾸어 쓸 때 알맞은 것을 고르십시오.

❶ 기회이자 ❷ 기회이기에 ❸ 기회인지라 ❹ 기회이건마는

[17-18] **빈칸에 알맞은 것을 고르십시오.**

17. 가 : 지난 선거 유세 때 보니까 한국당 후보가 여성들을 위한 육아 휴직을 법제화하겠다고 하던데요.
나 : 그러면 뭐해요? ________________

❶ 한국당을 지지해 주십사 하고 발벗고 나서야지요.
❷ 투표는 고사하고 선거 유세에도 관심이 없는데요.
❸ 법제화해 봤자 회사 눈치 보여서 못 할 게 뻔한데요.
❹ 휴직을 하는 한이 있더라도 여성이 육아를 책임져야지요.

18. 가 : 가정교육을 어떻게 시켰길래 저렇게 반듯하게 자랐을까요?
나 : 글쎄 말이에요. ________________

❶ 부럽기 짝이 없네요.
❷ 타고난 성품인 듯싶어요.
❸ 부모가 하기 나름이라잖아요.
❹ 반듯하다 못해 융통성이 너무 없는 게 흠이지요.

[19-20] 제시된 표현을 순서대로 모두 사용해서 〈　　〉의 주제에 대한 문장을 만드십시오. (한 문장, 50자 내외)

19.

〈진정한 봉사의 의미〉
대가 / 자발적 / 형식적 / 헌신하다

____

____

____

20.

〈다이어트 방법〉
효과적 / 건강 / 유지하다 / 피하다

____

____

____

부록

付録

모범 답안(模範解答)
지문(スクリプト)
색인(索引)

모범 답안

◆ 문법 알아보기 모범 답안

ㄱ

001 **–거늘**

1. 이렇게 애타게 찾고 있거늘 도대체 어디로 사라졌단 말인가?
2. 의리를 지키는 것이 중요하거늘 이렇게 우리의 믿음을 저버릴 수 있는가?
3. 그동안 온 가족이 병원 뒷바라지로 고생하는 것을 봤거늘 그 정성을 모르랴.

002 **–거니와**

1. 능력도 있거니와
2. 언어능력이 뛰어나야 하거니와 체력과 순발력도 매우 중요하다.
3. 주제도 주제거니와

003 **–거들랑**

1. 이번 발표도 내용이 부실하거들랑 주의를 줍시다.
2. 잘 해보려는 성의를 보였거들랑 부족해도 나무라지 마세요.
3. 부장이 쓸데없는 간섭을 하거들랑 한 마디 하세요.

004 **–건대**

1. 제가 생각하건대 서로 조금씩 양보하면 문제가 해결될 겁니다.
2. 제가 느끼건대 이제는 돌이킬 수 없는 상황입니다.
3. 간절히 원하건대 진실을 말씀해 주십시오.

005 **–건마는**

1. 물가가 계속 오르건마는 정부 당국은 별 다른 대책을 세우지 못하고 있다.
2. 밤을 새워 준비를 했건마는 너무 긴장해 면접 시험에서 실력 발휘를 못 한 것 같다.
3. 10년 동안 동고동락했던 동료이건만 회사를 그만 둔다니 무척 섭섭하다.

006 **–게끔**

1. 국민들이 신뢰하게끔
2. 환자나 보호자가 불안해하지 않게끔
3. 소비자가 만족하게끔

007 **–겠거니 하다**

1. 못 알아듣겠거니 하는
2. 당연히 참석하겠거니 하고
3. 대학생이겠거니 했는데요.

008 **–겠냐마는**

1. 희귀한 자료라서 구하기 쉽겠냐마는 찾아 봐야지.
2. 일이 잘못된 데에 사정이 없었겠냐만 먼저 죄송하다고 사죄를 하는 게 도리다.
3. 사랑에 나이 차이가 무슨 상관이겠냐만 전혀 신경 쓰이지 않는 건 아니다.

009 **–고자**

1. 부동산 세법 변경을 위해 시민들의 의견을 수렴하고자
2. 불우한 환경의 청소년들을 위한 기금을 마련하고자
3. 혈액 순환 개선에 효능이 있는 신약을 개발하고자

010 **–기 그지없다**

1. 한 사람의 잘못으로 많은 사람이 손해를 입게 되니 억울하기 그지없군요.
2. 한복을 곱게 차려 입은 신부의 모습은 아름답기 그지없었다.
3. 식구들이 모두 보는 앞에서 망신을 당하고 보니 분하기 그지없었다.

011 **–기 나름이다**
1. 노력하기 나름이야.
2. 쓰기 나름입니다.
3. 사람 나름이지요.

012 **–기 십상이다**
1. 살을 뺀 후에도 계속 운동을 하지 않으면 다시 살이 찌기 십상이에요.
2. 혼자 막무가내로 일을 처리하다 보면 문제가 생기기 십상이다.
3. 부실하고 실현성 없는 공약을 내놓았다가는 유권자들에게 외면당하기 십상입니다.

013 **–기 일쑤이다**
1. 정신없이 일을 하다 보면 식사 때를 놓치기 일쑤예요.
2. 회의 준비를 제대로 하지 않으면 지적당하기 일쑤이다.
3. 7형제 중에 막내였던 제 의견은 무시당하기 일쑤였습니다.

014 **–기 짝이 없다**
1. 정든 직장을 떠나려니 섭섭하기 짝이 없습니다.
2. 먹을 것이 없어 죽는 아이들을 보니 안타깝기 짝이 없더군요.
3. 대견하기 짝이 없네요.

015 **–기가 무섭게**
1. 출퇴근 시간에는 지하철 문이 열리기가 무섭게 사람들이 타고 내려요.
2. 음반이 발매되기가 무섭게 날개 돋친 듯 팔리고 있다.
3. 개각 예상 보도가 나오기가 무섭게 정가에는 누가 입각할지 소문이 돌기 시작했다.

016 **–기로서니**
1. 아무리 게임을 하고 싶기로서니 어린 나이에 벌써 그런 행동을 하다니요.
2. 직장 상사가 트집을 좀 잡았기로서니 사표를 내는 건 너무하지 않아요?
3. 아무리 교사의 권위가 땅에 떨어졌기로서니 그런 일이 있을 수가 있나요?

017 **–기에**
1. 딸기가 싱싱하고 맛있어 보이기에 한 상자 사 가지고 왔어요.
2. 어디에서 놀았기에 옷이 그렇게 엉망이 됐니?
3. 모처럼 박물관 구경을 갔는데 정기휴관일이기에 아쉽지만 발길을 돌려야 했다.

018 **–기에 망정이지**
1. 가방에 우산이 있었기에 망정이지 옷이 다 젖을 뻔했어요.
2. 안전벨트를 했기에 망정이지 안 그랬으면 크게 다쳤을지도 몰라요.
3. 일찍 발견했기에 망정이지 큰일 날 뻔했군요.

ㄴ

019 **–노라면**
1. 포기하지 말고 열심히 사노라면 희망이 보일 거예요.
2. 반복해서 찬찬히 읽노라면 저자의 의도를 파악할 수 있을 겁니다.
3. 일정한 속도로 계속 걷노라면 잡념도 잊게 되고 몸도 가벼워지는 것 같습니다.

020 **–느냐 –느냐**
1. 돈이 있느냐 없느냐가 행복의 첫 번째 조건이 아닌데요.
2. 우승을 하느냐 못 하느냐가 중요한 건 아니에요.
3. 부모냐 사랑이냐를 두고 고민하는 내용이 많지요.

021 **–느니**
1. 혼자서 불안해 하느니 모든 걸 털어 놓고 처벌을 받으세요.
2. 돈을 주고 청탁을 하느니 사업을 접는 쪽을 택할 겁니다.
3. 일찍 일어나 아침을 먹느니 좀 더 자는 쪽이 낫지요?

022 **–느니만 못하다**
1. 안 하느니만 못한 것 아닌가요?
2. 안 받느니만 못할 것 같아요.
3. 하지 않느니만 못하다고 한다.

023 **–느니만큼**
1. 두 번째 도전이니만큼
2. 갈수록 환경오염이 심각해지고 있으니만큼
3. 역사적인 연구 가치가 큰 유물이니만큼

024 **–는 가운데**
1. 웃고 즐기는 가운데 어느새 마칠 시간이 다 되었네요.
2. 우리들은 무슨 일인지도 모르고 어리둥절한 가운데 교무실로 불려갔다.
3. 경찰병력이 투입된 가운데 집회가 연일 이어지고 있다.

025 **–는 건 차치하고**
1. 음식 값을 내는 건 차치하고 잘 먹었다는 인사도 하지 않더군요.
2. 전후사정을 묻는 건 차치하고 소리부터 지르는 바람에 설명할 겨를이 없었다.
3. 병문안을 오는 건 차치하고 (병문안은 차치하고) 한 마디 위로의 전화도 없는 건 정말 서운하다.

026 **–는 까닭에**
1. 예상치 못한 상황이 발생한 까닭에 사람들이 우왕좌왕하게 됐어요.
2. 제주도는 화산섬인 까닭에 대부분의 해안은 암석으로 이루어져 있다.
3. 유권자의 한 표 한 표가 소중한 까닭에 투표권 행사를 독려해야 합니다.

027 **–는 날에는**
1. 건강을 잃는 날엔
2. 또 다시 낙제를 하는 날엔
3. 사실이 밝혀지는 날엔

028 **–는 데**
1. 동호회 활동은 인간관계를 넓히는 데 많은 도움이 될 거예요.
2. 일상생활이 가능한 수준의 외국어 실력을 갖추는 데 최소한 1년 정도는 필요하다고 봅니다.
3. 머리 아픈 데 먹는 약도 처방전이 필요한가요?

029 **–는 둥 마는 둥**
1. 합격자 발표 걱정에 자는 둥 마는 둥 해서
2. 잔소리를 하면 그때서야 청소만 겨우 하는 둥 마는 둥 해요.
3. 닦는 둥 마는 둥 해서 그렇지 뭐.

030 **–는 듯싶다**
1. 너무 튀는 듯싶어 점잖은 색의 옷으로 갈아입었어요.
2. 표정을 보니 그 이야기를 이미 들은 듯싶어서 아무 말도 하지 않았다.
3. 오랜 시간이 지난 사건이고 연관된 이들이 사망한 경우가 많아 진실 규명이 어려울 듯싶습니다.

031 **–는 듯이**
1. 빨간 물감을 부어 놓은 듯이 산 전체가 단풍으로 물들어 있었다.
2. 자기가 주인인 듯이 허락도 없이 냉장고에서 음식을 꺼내 먹네요.
3. 연설 내용이 지루한 듯(이) 하품을 하더니 졸기 시작했다.

032 **–는 마당에**
1. 자기도 아픈 마당에
2. 굶어 죽는 사람들도 있는 마당에
3. 신뢰가 깨진 마당에

033 **–는 바**
1. 유학생활을 한 바 있어서 의사소통에는 큰 어려움이 없습니다.
2. 전화상으로 말씀드린 바와 같이 계약금을 내일까지 입금해 주십시오.

3. 이 사업에 우리가 기여한 것에 대한 합당한 대가를 요구하는 바입니다.

034 **-는 셈치고**
1. 자식 하나 없는 셈치고
2. 그냥 먹은 셈치고
3. 산책하는 셈치고

035 **-는 양**
1. 영화 속 주인공이 된 양 옷깃을 올리고 담배를 피우고 있다.
2. 무슨 대단한 일이라도 하는 양 비장한 얼굴로 이야기를 하더군요.
3. 그 아줌마가 주인인 양 당당하게 얘기하던데 아니었어요?

036 **-는 이상**
1. 경기에 참가한 이상 우승을 위해서 노력해야지요.
2. 계약서에 서명을 한 이상 계약내용을 수정할 수 없다.
3. 내가 책임자인 이상 근무 태만은 용납할 수 없습니다.

037 **-는 통에**
1. 사람들이 갑자기 몰려드는 통에 제대로 구경도 못했다니까요.
2. 서로 갖겠다고 싸우는 통에 똑같은 것 하나 더 사주고 말았다.
3. 옥상에서 물을 뿌리는 통에 널어놓은 빨래가 다시 젖었어요.

038 **-는 판이다**
1. 먹고살기도 어려운 판인데 대학원 공부를 계속 해야겠어요?
2. 거래처에서 대금 결제를 못 받으면 당장 부도가 날 판이에요.
3. 새로 오는 일꾼들이 일이 고되다고 사흘도 못 가서 그만두는 판이에요.

039 **-는 한**
1. 인터넷 실명제를 하지 않는 한 악성 댓글을 사라지지 않을 겁니다.
2. 특별한 사정이 없는 한 꼭 참석하도록 하십시오.
3. 자세를 바로 잡지 않는 한 어깨 통증은 계속 재발할 겁니다.

040 **-는 한이 있더라도**
1. 사표를 쓰는 한이 있더라도
2. 모든 것을 잃어버리는 한이 있더라도
3. 일을 하다가 쓰러지는 한이 있더라도

041 **-는 한편**
1. 고객들에게 사은 행사를 알리는 전화를 거는 한편 안내지도 배포하고 있다.
2. 정부는 에너지 절약 정책을 추진하는 한편 조직축소도 검토 중입니다.
3. 수해로 인한 피해상황을 조사하는 한편 침수된 주택과 농경지에 대한 복구 작업도 병행하고 있다.

042 **-는다 치다**
1. 10년 넘게 소식이 없는데 이젠 죽은 사람이라 치고 이제 더 기다리지 말아요.
2. 부모는 너를 믿는다 쳐도 다른 사람들이 그 말을 믿어 주겠니?
3. 내가 말실수를 좀 했다 치더라도 어떻게 그렇게 심한 말을 할 수 있어요?

043 **-는다손 치더라도**
1. 실수로 회사에 손해를 입혔다손 치더라도 해고당하지는 않을 거예요.
2. 아무리 배가 고프다손 치더라도 수업시간에 김밥을 먹으면 안 돼요.
3. 휴가 중이라손 치더라도 급한 일이 생기면 출근해야지요.

044 **-는답시고**
1. 집안일을 돕는답시고 오히려 엄마를 귀찮게 해 드린 것 같았다.

2. 연예인이 되겠답시고 공부는 안 하고 외모에 만 신경을 써요.
3. 학벌이 좀 좋답시고 얼마나 거만한지 주변의 눈총을 받을 정도예요.

045 **–는댔자**
1. 훈련을 했댔자 얼마나 했겠어요?
2. 싸댔자 얼마나 싸다고 멀리까지 찾아가겠어요?
3. 지지자랬자 소수의 젊은 층뿐이에요.

046 **–는지라**
1. 대기실에서 많이 기다린다.
2. 거스를 수가 없었다.
3. 다시 보고 싶지 않았다.

ㄷ

047 **–다 못해**
1. 눈물이 다 났다.
2. 사표를 냈습니다.
3. 좀 도와주게 되었다.

048 **–다마다**
1. 가다마다요.
2. 괜찮다마다요.
3. 그럼, 우리 딸 솜씨가 최고다마다!

049 **–다시피 하다**
1. 준비를 하느라고 이번 주에 계속 밤을 새우다시피 하고 있어요.
2. 한 사무실에서 일한다고 매일 붙어 다니다시피 해서 그래요.
3. 거의 울다시피 간청을 하는데 거절을 할 수가 있어야지요.

050 **–던 차에**
1. 전화를 걸려고 하던 차에 마침 연락이 와서 사정을 말씀드렸어요.
2. 유학준비를 하던 차에 우연히 선배한테 좋은 학교를 소개 받았다.
3. 어떻게 하면 아이가 다양한 채소를 섭취할 수 있을까 생각하던 차에 알게 된 요리법입니다.

051 **–되**
1. 게임을 하되 시간을 정해 놓고 하도록 하세요.
2. 투자를 하되 한 곳에 집중적으로 하는 건 피하세요.
3. 음식을 골고루 드시되 술은 가급적 삼가셔야 합니다.

ㅇ

052 **–어 봤자**
1. 신고해 봤자 소용도 없을 거예요.
2. 부탁해 봤자 안 된다고 할 거예요.
3. 감기가 심해 봤자 쓰러지기까지 하겠어요? 괜찮을 거예요.

053 **–어 주십사 하다**
1. 유학을 가게 되었는데 추천서를 좀 써 주십사 (하고)
2. 저희 가게를 자주 찾아 주십사 (하고)
3. 다시 한 번 검토해 주십사 하고 부탁 말씀드리러 왔습니다.

054 **–어서야**
1. 이렇게 천천히 일을 해서야
2. 어려운 처지의 친구를 외면해서야
3. 이렇게 편식을 해서야

055 **–었던들**
1. 구급차가 조금만 더 빨리 도착했던들
2. 준비를 완벽하게 했던들
3. 인간관계를 잘 했었던들

056 **에 비추어**
1. 세계적인 흐름에 비추어 볼 때 녹색 기술 개발을 서둘러야 합니다.
2. 헌법의 기본 정신에 비추어 보면 낙태 행위는 불법이라고 볼 수밖에 없다.

3. 예년의 수확량에 비추어 볼 때 올해도 평년과 같은 수준이 예상됩니다.

057 **에도 불구하고**

1. 의학의 눈부신 발전에도 불구하고 (의학이 눈부시게 발전했음에도 불구하고) 여전히 불치병으로 죽어가는 사람들이 많다.
2. 국제 유가 하락에도 불구하고 (국제 유가가 하락하고 있음에도 불구하고) 국내 석유 값은 떨어지지 않고 있다.
3. 가격 경쟁력을 갖추고 있음에도 불구하고 소비자들의 눈길을 끌지 못하는 원인을 분석해야 한다.

058 **–으나마**

1. 부족하나마 피해 지역에 도움이 되었으면 합니다.
2. 간단하나마 이것으로 수상소감을 대신하겠습니다.
3. 서투르나마 제 솜씨를 보여 드리고 싶었습니다.

059 **–으랴 –으랴**

1. 아이 학교 보내랴 제 출근 준비하랴 전쟁터가 따로 없답니다.
2. 학교 알아보랴 비자 신청하랴 눈 코 뜰 새 없이 바쁘네요.
3. 고객 상담하랴 불만 해결하랴 정신이 없네요.

060 **–으랴마는**

1. 혼자 유학생활을 하는 어려움이 없었으랴마는 잘 헤쳐 나갔다.
2. 상위권 입상이 가능하랴마는 끝까지 최선을 다하도록 해야지요.
3. 당장 손해 볼 걸 알면서 투자할 사람이 있으랴만 장기적인 안목으로 보면 투자할 만도 하다.

061 **–으려나**

1. 행사는 별 탈 없이 진행되고 있으려나.
2. 꼼꼼한 부장님이 이런 기획안을 결재해주시려나.
3. 아무도 발언을 하지 않는 걸 보면 더 이상 반대하지 않으려나 보다.

062 **–으려니 하다**

1. 뭐 신경 쓰이는 일이 있으려니 해.
2. 다들 다른 사람이 나가려니 했겠지요.
3. 멀리 도망가지 못했으려니 했나 봐요.

063 **–으려니와**

1. 신제품은 품질도 좋으려니와 가격도 그리 비싸지 않을 것이다.
2. 그 후보를 지지하려니와 후원도 아끼지 않겠다.
3. 사람들의 달라진 태도도 태도려니와 주변의 비난을 참기 어려웠다.

064 **–으려야**

1. 잊으려야 잊을 수가 없네요.
2. 믿으려야 믿을 수가 없습니다.
3. 외우려야 외울 수가 없다.

065 **–으련마는**

1. 알았으면 나도 갔으련만.
2. 선약을 취소할 수 있으면 좋으련만 그건 곤란해요.
3. 서로 자주 대화 하면 그런 일이 없으련만 안타깝네요.

066 **으로 말미암아**

1. 정치 불안으로 말미암아 외국인 투자가 감소하고 있다.
2. 짙은 안개로 말미암아 고속도로가 마비상태에 빠졌다고 합니다.
3. 예산 부족으로 말미암아 내년도 복지 혜택이 줄어들 거라는 전망입니다.

067 **으로 미루어**

1. 지금까지의 상황으로 미루어 좋은 결과를 기대하기는 어렵겠습니다.
2. 평소의 성격으로 미루어 볼 때 그런 거짓말을 할 리가 없다.
3. 그동안의 주가 변동 상황으로 미루어 보면 당분간 하락세가 이어질 것 같다.

068 **으로 하여금**
1. 소비자로 하여금 현명한 판단을 할 수 있게 충분한 정보를 제공해야 한다.
2. 청소년들로 하여금 꿈과 희망을 가질 수 있도록 용기를 주자.
3. 교사들의 행정 업무를 줄여 교사들로 하여금 수업 준비에 더욱 충실할 수 있도록 해야 합니다.

069 **-으리라고**
1. 새해에는 담배를 끊으리라고 마음먹었다.
2. 이번 대회에서 우승 소식을 전해주리라고 믿고 있습니다.
3. 재벌가의 일원인 분이 그렇게 검소하리라는 생각은 전혀 못했다.

070 **-으리만치**
1. 물도 못 삼키리만치 목이 부었다.
2. 잠시도 앉아 있을 수가 없었으리만치 많은 손님들로 정신없는 하루였어요.
3. 네티즌의 의견들이 정책 결정에 영향을 주리만치 그 힘이 커지고 있다.

071 **-으면 그만이다**
1. 정성껏 준비했으면 그만이지요. 걱정 마세요.
2. 맛있으면 그만이지 뭐.
3. 우리 아들이 마음에 들어 하면 그만이지요. 다른 바람은 없습니다.

072 **-으면 몰라도**
1. 월급을 두 배쯤 주면 몰라도
2. 복권에 당첨되면 몰라도
3. 부모님 건강이 나빠지시면 몰라도

073 **-으므로**
1. 과반수이상의 찬성표를 얻었으므로 법안이 무사히 통과되었다.
2. 오늘 오후에는 황사가 심하므로 외출을 삼가시기 바랍니다.
3. 대출금 상환 방법은 여러 가지이므로 자신의 처지에 맞는 것을 알아 볼 필요가 있다.

074 **은 고사하고**
1. 화환은 고사하고 축하한다는 전화 한 통 없었어요.
2. 승진은 고사하고 회사에서 쫓겨날지도 몰라요.
3. 독립을 하는 건 고사하고 (독립은 고사하고) 용돈이라도 스스로 해결했으면 좋겠어요.

075 **-은 나머지**
1. 기쁜 나머지 눈물을 흘리고 말았어요.
2. 며칠 밤을 새운 나머지 과로로 병원에 입원했다고 하네요.
3. 너무 피곤한 나머지 정신없이 잤거든요.

076 **-은 채로**
1. 선풍기를 켜 놓은 채로 잠이 들면 죽을 수도 있어요.
2. 손발이 묶인 채 죽어 있었습니다.
3. 편지 한 장만 남긴 채 나가버렸대.

077 **-은들**
1. 아무리 재산이 많은들 돈으로 행복을 살 수 있겠어요?
2. 진심으로 사과한들 그 사람 마음을 돌릴 수 있겠어요?
3. 부모인들 자식을 자기 뜻대로 할 수 있겠습니까?

078 **-을 대로**
1. 그는 도시 생활에 지칠 대로 지쳐서 시골로 내려가기로 결심했다.
2. 계속되는 실패로 연구에 대한 애정이 식을 대로 식어 버렸습니다.
3. 잦은 부부 싸움으로 인해 둘의 관계는 악화될 대로 악화되었다.

079 **-을 따름이다**
1. 그런 기적이 일어나다니 놀라울 따름이에요.
2. 죄송할 따름입니다.
3. 도와주시겠다니 고마울 따름입니다.

080 **-을 리가 없다**
1. 실수를 하셨을 리가 없어요.
2. 명단에 없을 리가 없어요.
3. 널 잊었을 리가 있겠니?

081 **을 무릅쓰고**
1. 장애를 무릅쓰고 열심히 노력하여 수석의 영광을 차지했다.
2. 살을 에는 추위를 무릅쓰고 정상까지 험난한 길을 걸어갔다.
3. 사람들에게 당할 수모를 무릅쓰고 기자회견장에 나왔대요.

082 **-을 바에**
1. 그런 사람과 결혼할 바에
2. 중간에 그만둘 바에
3. 고속도로가 막혀서 고생할 바에야

083 **-을 법하다**
1. 손님이 올 법도 한데
2. 쉬고 싶을 법도 한데
3. 미선 씨 정도면 합격했을 법한데요.

084 **-을 여지가 없다**
1. 이미 이사회에서 논의가 끝나서 더 검토할 여지가 없습니다.
2. 다른 방법을 선택할 여지가 없었습니다.
3. 제가 보기엔 개선의 여지가 없어 보이는데요.

085 **-을 지경이다**
1. 인원이 부족해 지금 수고하시는 분들이 몸살이 날 지경입니다.
2. 예상보다 돈이 많이 들어 어떻게 마련할까 고민하다 보니 머리가 빠질 지경이네요.
3. 몇 시간째 계속되는 행군에 다리도 아프고 목도 말라서 쓰러질 지경이다.

086 **-을 턱이 없다**
1. 시험에 붙을 턱이 없지.
2. 알 턱이 없었다.
3. 이번에도 준비했을 턱이 없지.

087 **-을까마는**
1. 누군들 제 자식이 예쁘지 않을까마는 지나치면 해가 되는 법이다.
2. 본 사람이 아무도 없을까마는 목격자는 아직 나타나지 않고 있습니다.
3. 사장님이 지시한 일을 여태 하지 않았을까마는 확인해 보는 게 좋겠지요.

088 **-을라치면**
1. 엄마 몰래 친구들이라도 만날라치면 늘 길에서 엄마를 만나요.
2. 모처럼 일찍 퇴근이라도 할라치면 꼭 술 약속이 생겨 아내에게 미안하다.
3. 저도 한 마디 할라치면 그때마다 다른 친구가 먼저 말해버려서 속상해요.

089 **-을락 말락 하다**
1. 서먹서먹했던 아이들이 겨우 친해질락 말락 하는데 일정이 끝나 버려서 아쉬워요.
2. 두 사람은 무슨 비밀 얘기를 하는지 들릴락 말락 한 작은 소리로 속삭였습니다.
3. 주변이 소란스러워지니 아기가 잠이 깰락 말락 하는지 자꾸 뒤척이고 있네요.

090 **-을망정**
1. 나이가 어릴망정 그 아이 나름대로 생각한 것이 있을 테니 들어봐야지.
2. 시험에 떨어졌을망정 그리 낙심할 상황은 아니다.
3. 불우한 어린 시절이었을망정 잠깐씩 웃으며 떠올릴 순간이 없는 건 아니다.

091 **-을뿐더러**
1. 이번에 나온 신제품은 별로 달라진 것이 없을뿐더러 값만 비싸졌다.
2. 연극은 사람들에게 재미와 감동을 줄뿐더러 메말라가는 감성을 되살아나게 해준다.
3. '청소년 쉼터'는 방황하는 아이들에게 제공되

는 숙소일뿐더러 조언자를 만날 수 있는 상담의 공간이기도 하다.

092 **–을세라**

1. 혹시 선생님의 말 한마디라도 놓칠세라 학생들 모두 열중해서 듣는다.
2. 고객들의 마음이 떠날세라 세심한 부분까지 신경 쓰고 있습니다.
3. 행여 자기 자식이 경쟁에서 뒤쳐질세라 자식 뒷바라지에 신경을 쏟고 있다.

093 **–을지니**

1. 배움의 길은 끝이 없을지니 나이는 핑계에 불과합니다.
2. 유혹에 약한 것이 인간일지니 늘 스스로를 되돌아 봐야 한다.
3. 부모의 믿음을 저버리지 못할지니 반드시 약속을 지킬 것입니다.

094 **–을지라도**

1. 비록 이길 수 없을지라도 경기를 포기할 수 없습니다.
2. 어떤 위협이 있을지라도 비밀을 지키겠습니다.
3. 성공 가능이 낮을지라도 꼭 해 볼만한 수술이라고 봅니다.

095 **–을지언정**

1. 회사 문을 닫을지언정
2. 나는 못 배웠을지언정
3. 거절당했을지언정

096 **–을진대**

1. 흉악한 범죄자라도 인간일진대 가족이 그립지 않겠습니까?
2. 어린 아이라도 나름대로 생각이 있을진대 그렇게 무시하면 안 됩니다.
3. 멸종 위기에 놓인 동물을 모두가 함께 지켜야 할진대 어찌 그리 무관심하단 말인가?

097 **–음으로써**

1. 다양한 시각 자료를 활용함으로써 학생들의 흥미를 유도할 수 있다.
2. 좋은 습관은 꾸준한 노력을 함으로써 형성되는 것입니다.
3. 의원의 과반수가 반대표를 던짐으로써 법안이 부결되고 말았습니다.

ㅈ

098 **–자**[1]

1. 개인 정보 유출 사건이 연이어 발생하자 정부 차원의 대책이 발표되었습니다.
2. 회사가 자금난으로 어려움을 겪자 사원들이 자발적으로 월급을 반납했다.
3. 미국 중앙은행의 금리 인하 소식이 전해지자 투자자들이 일제히 주식을 팔기 시작했다지요?

099 **–자**[2]

1. 꼼꼼한 성격은 그 사람의 장점이자 단점이라고 할 수 있다.
2. 바다는 어민들의 생활터전이자 휴식처와 같은 곳입니다.
3. 어머니는 저의 친구이자 제 삶의 등불이셨습니다.

100 **–자니**

1. 어린 아이를 학원에 혼자 보내자니 영 불안합니다.
2. 장관을 해임하자니 마땅한 후임자가 없고 그대로 두자니 국민들의 반대 여론이 심해서 어떻게 해야 할지 모르겠네요.
3. 문제가 없는 것처럼 덮자니 이미 인터넷에 소문이 퍼져 어쩔 수 없었습니다.

◆ 유형별 연습문제 모범 답안

Ⅰ. 빈칸에 알맞은 문법 고르기

1	❶	2	❷	3	❶	4	❶	5	❶	6	❷	7	❶	8	❸
9	❷	10	❸	11	❹	12	❹	13	❶	14	❷	15	❶	16	❶
17	❷	18	❷	19	❸	20	❷								

Ⅱ. 밑줄 친 부분과 비슷한 의미의 문법 고르기

1	❸	2	❷	3	❹	4	❸	5	❸	6	❸	7	❹	8	❶
9	❷	10	❹	11	❶	12	❹	13	❷	14	❹	15	❸	16	❷
17	❶	18	❷	19	❶	20	❸								

Ⅲ. 글을 읽고 빈칸에 알맞은 문법 고르기

1	❸	2	❷	3	❶	4	❹	5	❹	6	❶	7	❷	8	❷
9	❸	10	❹	11	❸	12	❹	13	❷	14	❹	15	❶	16	❸
17	❸	18	❸	19	❶	20	❷								

Ⅳ. 글을 읽고 밑줄 친 부분과 비슷한 의미의 문법 고르기

1	❶	2	❸	3	❷	4	❹	5	❸	6	❹	7	❶	8	❹
9	❷	10	❹	11	❷	12	❸	13	❹	14	❶	15	❷	16	❶
17	❹	18	❹	19	❸	20	❶								

Ⅴ. 긴 글을 읽고 질문에 답하기

[1]				[2]				[3]				[4]			
1	❹	2	❹	1	❸	2	❸	1	❸	2	❹	1	❶	2	❹
[5]				[6]				[7]				[8]			
1	❹	2	❸	1	❶	2	❸	1	❹	2	❷	1	❹	2	❶
[9]				[10]				[11]				[12]			
1	❹	2	❶	1	❶	2	❷	1	❷	2	❹	1	❹	2	❹

Ⅵ. 대화 완성하기

1	❸	2	❹	3	❹	4	❹	5	❷	6	❹	7	❸	8	❷
9	❹	10	❸	11	❶	12	❸	13	❹	14	❸	15	❷	16	❷
17	❸	18	❹	19	❹	20	❹								

Ⅶ. 틀린 문장 찾기

1	❸	2	❷	3	❷	4	❸	5	❷	6	❶	7	❹	8	❸
9	❶	10	❷												

Ⅷ. 제시된 표현을 사용하여 문장 만들기

1. 1) 자동차 매연을 줄이기 위해서는 대중교통을 이용해야 **할뿐더러 (할 뿐만 아니라)** 대체 에너지 개발도 서둘러야 한다.
   2) 자동차 매연**으로 인한** 대기오염을 막기 위해서는 대중교통 이용을 장려하는 한편 대체 에너지 개발도 서둘러야 한다.
2. 1) 지연이나 학벌에 얽매이**다 보면** 올바른 선택을 하**는 데** 어려움이 따르**게 마련이다**.
   2) 지연이나 학벌에 얽매이**는 한** 올바른 선거 문화가 정착**될 리 만무하다**.
3. 1) 언론은 사실을 보도하**는 데** 그치지 않고 권력을 비판**함으로써** 정치권력을 견제해야 한다.
   2) 언론의 사명은 사실 보도에 그치는 것이 아니**거니와** 권력을 비판하고 견제해야 함도 기억해야 한다.
4. 1) 예상하지 못한 질문은 받**더라도** 당황하지 말고 자신감 넘치는 태도로 답변하는 것이 좋다.
   2) 예상하지 못한 질문을 받았**을지라도** 당황하지 말고 미리 준비 **한 듯이** 자신감 있는 태도를 잃지 말아야 한다.
5. 1) 버스와 지하철의 노선을 확대하**는 한편** 서비스를 개선**함으로써** 대중교통을 이용하**게끔** 유도해야 한다.
   2) 버스나 지하철과 같은 대중교통 노선을 확대해야 **할뿐더러 (할 뿐만 아니라)** 서비스의 질적 개선을 통해 시민들**로 하여금** 대중교통을 이용하도록 유도해야 한다.
6. 1) 노인 인구가 급속하게 증가**함으로써** 노동력이 감소**함에 따라** 생산력이 저하되**리라고** 예상하고 있다.
   2) 노인 인구의 급속한 증가**에 따라** 노동력이 감소되**거니와** 이**로 말미암아** 생산력 또한 저하되는 문제가 있다.
7. 1) 신체적으로는 각종 질병을 예방해 **줄뿐더러 (줄 뿐만 아니라)** 정신적으로는 스트레스를 푸**는 데** 큰 효과가 있다.
   2) 걷기 운동은 신체적으로는 각종 질병을 예방해 주**는 한편** 정신적으로는 스트레스를 풀어주**니 만큼** 매우 효과적인 운동이라 할 수 있다.
8. 1) 소비자가 올바른 선택을 하**게끔** 정보를 전달하**는 반면** 소비자를 현혹시켜 구매를 부추기**기 일쑤이다**.
   2) 소비자**로 하여금** 올바른 선택을 할 수 있도록 정보를 전달하**는 반면** 소비자를 현혹시키**기 일쑤이다**.
9. 1) 남편이 가사분담을 해 **준다손 치더라도** 집안 일하**랴** 아이교육에 신경쓰**랴** 몸이 두 개라도 모자라는 게 주부의 현실이다.
   2) 가사분담이 제대로 되지 않**는 까닭에** 집안일도 집안일**이려니와** 아이 교육까지 감당하느라 시간이 모자**랄 지경이다**.
10. 1) 미래의 후손에게 아름다운 자연을 물려주는 것은 시민들이 환경 보존에 관심을 쏟**느냐** 쏟지 않**느냐**에 달려 있다.
    2) 지구의 미래는 후손들에게 깨끗한 자연을 물려주**고자** 하는 시민들이 얼마나 관심을 쏟**느냐**에 달려있다.
11. 1) 고학력 여성의 증가**로 인해** 여성의 사회 진출이 활발해**짐으로써** 결혼연령이 높아지고 이**에 따라** 저출산 문제가 야기되고 있다.
    2) 고학력 여성의 사회 진출이 활발해지고 있**는 가운데** 초혼 연령이 지속적으로 높아지고 있고 이**로 말미암아** 저출산 문제가 야기되었다.
12. 1) 운동 경기에 임하는 선수들은 정정당당하게 경쟁하**되** 심판의 판정에 승복하는 것이 진정한 스포츠 정신이라 할 수 있다.
    2) 선수들은 정정당당하게 경쟁하**는 한편** 심판의 판정이 공정하지 못**할지라도** 판정이 내려**진 이상** 결과에 승복하는 자세를 가져야 한다.
13. 1) 어린 나이에 유학을 보내**고자** 할 때 본인의 의사를 우선적으로 고려하지 않**는 한** 조기 유학은 실패**할 여지가 많다**.
    2) 성공적인 조기 유학은 적절한 나이와 본인의 의사가 가장 중요하니 만큼 이를 고려하지 않으면 보**내 봤자** 실패하**기 십상이다**.

14. 1) 맞벌이 가정과 저소득층 자녀들은 부모의 관리가 소홀**한 까닭에** 인터넷 중독에 빠지기 십상이다.
   2) 맞벌이 가정이나 저소득층의 경우 부모의 관리가 소홀**한지라** 인터넷 게임에 빠지**다시피 하는** 청소년들이 많다.

15. 1) 학교 교육의 미래는 학부모들의 신뢰를 얻**느냐** 못 얻**느냐**에 달려 있다.
   2) 학교가 학생과 학부모의 신뢰를 얻지 못하**는 한** 공교육의 미래는 어둡기만 할 것이다.

16. 1) 매달 열심히 일해 받은 월급으로 꼬박꼬박 저축**한들** 내 집을 장만하기가 힘든 현실에서 희망을 갖고 살기란 **여간** 힘들**지 않다**.
   2) 쥐꼬리만 한 월급으로 열심히 저축**해 봤자** 내 집 한 채 장만하기 힘**들진대** 무슨 희망으로 살아 갈 것인가?

17. 1) 갑작스러운 사고가 발생했을 때 경제적 부담을 덜어 주**거니와** 노후의 안정적인 생활을 보장해주**니 만큼** 가입하는 것이 좋을 듯싶다.
   2) 갑작스럽게 발생한 사고**로 인한** 경제적 부담을 줄여**줄뿐더러 (줄 뿐만 아니라)** 노후에 걱정없이 생활하**게끔** 보장해주**므로** 반드시 필요하다.

18. 1) 눈이 부시**리만치** 성장하고 있는 의료 기술은 인간의 수명 연장에 청신호를 보내고 있다.
   2) 의학 분야가 눈부시게 성장**함으로써** 인간은 수명 연장의 꿈을 실현할 수 있게 되었다.

19. 1) 생산자와 소비자를 연결해 주**는 한편** 수요와 공급을 조절해**줌으로써** 가격을 결정하**는 데** 중요한 역할을 한다.
   2) 생산자와 소비자를 연결시켜주는 장**이자** 수요와 공급을 조절하여 가격을 결정하는 통로이다.

20. 1) 일상에서 벗어남으로써 자신을 돌아보**게끔** 해 주**거니와** 여러 경험**을 통해** 자신을 성장시켜주**는 데** 여행의 진정한 의미가 있**는 듯싶다**.
   2) 일상으로부터 벗어나**고자** 떠나는 여행은 자신을 돌아보게 하고 다양한 경험을 할 수 있**는 바** 인간의 정신적 성장에 도움이 된다.

◆ 종합 연습문제 모범 답안

[1회]

1	❸	2	❹	3	❹	4	❶	5	❹	6	❶	7	❹	8	❸
9	❹	10	❷	11	❶	12	❶	13	❷	14	❸	15	❷	16	❷
17	❸	18	❹												

19. 1) 전 세계적으로 필요한 자원의 고갈이 우려**됨에 따라** 기존 에너지원을 대신할 다양한 대책 마련을 서둘러야 할 때이다.
    2) 지구상의 에너지 자원 고갈이 예상되**는 바**, 전 세계가 힘을 합해 대책을 서둘러 마련해야 하**리라고** 본다.

20. 1) 자신의 흥미가 무엇인지 파악해야 하**거니와** 경제 형편도 고려해야 여가 시간을 충분히 즐길 수 있다.
    2) 자신의 흥미를 정확히 파악하**되** 경제 형편을 고려해야 여가를 즐길 수 있**을 듯싶다**.

[2회]

1	❶	2	❷	3	❹	4	❶	5	❸	6	❹	7	❷	8	❸
9	❷	10	❶	11	❹	12	❸	13	❶	14	❷	15	❷	16	❶
17	❸	18	❸												

19. 1) 신체적으로는 각종 질병을 유발**할뿐더러** 주변의 타인에게 간접흡연**으로 인한** 피해를 줄 수 있다.
    2) 신체적으로 암과 같은 병을 유발하**는 건 차치하고** 타인에게까지 큰 피해를 줄 수 있**으므로** 조심해야 한다.

20. 1) 갈수록 떨어지는 출산율을 다시 높이**고자** 정부는 보육시설을 확충하고 육아비를 지원하는 등 대책을 강구하고 있다.
    2) 정부는 부족한 보육시설을 만족할만한 수준으로 확충**함으로써** 출산 가정을 지원할 기반 조성에 힘쓰고 있다.

[3회]

1	❶	2	❸	3	❹	4	❷	5	❶	6	❷	7	❹	8	❶
9	❸	10	❶	11	❷	12	❹	13	❸	14	❷	15	❹	16	❶
17	❸	18	❹												

19. 1) 상대방이 불쾌감을 느끼지 않**게끔** 욕설이나 비난하는 글을 자제해야 하**거니와** 상대방을 존중하는 태도를 가져야 한다.
    2) 상대방에게 불쾌감을 줄 수 있는 태도나 비난하는 글을 삼가**는 한편** 서로를 존중하는 마음과 자세를 가져야 한다.

20. 1) 우리말의 절반 이상이 한자 어휘로 되어 있**는 바**, 한자 교육을 **함으로써** 어휘력을 향상시킬 수 있**을뿐더러** 어휘의 의미를 정확하게 이해할 수 있다.
    2) 우리말의 절반 이상을 한자 어휘가 차지하고 있**느니만큼** 한자교육은 어휘력 향상과 어휘의 의미를 정확하게 이해하**는 데** 도움이 된다.

[4회]

1	❷	2	❷	3	❸	4	❶	5	❹	6	❷	7	❶	8	❸
9	❸	10	❷	11	❶	12	❶	13	❹	14	❶	15	❸	16	❹
17	❸	18	❹												

19. 1) 사소한 방심**으로 인해** 대형 화재가 발생하는 일이 많**으니만큼** 항상 철저한 점검이 요구됩니다.
2) 사소한 방심이 초래한 대형 화재가 많**으므로** 전기배선이며 전열 기구며 문제가 없는지 철저히 확인하는 습관이 필요하다.

20. 1) 우리가 원하는 지도자 상은 변화와 개혁을 주도하**는 가운데에서도** 현실을 냉철하게 직시할 줄 아는 균형감각을 갖추고 있는 것이다.
2) 지도자는 거대한 시대의 변화에 부닥**칠지라도** 상황을 주도하**는 한편** 현실을 냉철하게 직시할 수 있어야 할 것이다.

[5회]

1	❷	2	❷	3	❹	4	❹	5	❶	6	❹	7	❹	8	❸
9	❶	10	❸	11	❹	12	❶	13	❷	14	❶	15	❸	16	❶
17	❸	18	❶												

19. 1) 대가를 받**고자** 하는 것이 아니라 자발적으로 하**되** 형식적인 태도를 벗어나 타인을 위해 헌신하는 마음을 가져야 한다.
2) 남을 돕**되** 대가를 바라지 않고 자발적으로 해야 하**거니와** 형식적으로 하기보다 헌신하는 마음을 갖**는 데** 진정한 봉사의 의미가 있다.

20. 1) 효과적인 다이어트를 위해서는 적절한 운동**을 통해** 건강을 유지**함으로써** 잘못된 다이어트**로 인한** 부작용을 피해야 한다.
2) 다이어트를 효과적으로 하**자면** 평소의 건강을 유지하도록 노력하**는 한편** 지나치게 무리한 계획은 피하는 것이 바람직하다.

지문

◆ 유형별 연습문제 지문

Ⅲ.

1. 政治家が過ちを指摘されたにもかかわらず､恥を(　　)その過ちが大した問題ではないと自ら判断したり正当化できると思っているのなら傲慢な政治家と言わざるを得ない。

2. 発病率の高いガンの一つである胃がんは胃炎と似た症状が現われる場合が多く､単純な消化不良の症状だけに留まる場合もあるため､病に(　)｡定期的な検査が何よりも大事なのも､まさにこのためである。

3. 身体障害者の雇用状況も悪い一方である｡障害者雇用促進法が施行されて20年が(　　)政府や企業は依然として義務雇用枠を守っていない｡さらに､最近の景気の萎縮により雇用状況は益々悪化の一途を辿っている。

4. 全員がわれ先にと甲板に上がり､ある方向をじっと見つめていた｡黎明の中で遠く向こうの雪に覆われた山々の荘厳な姿は(　)｡｢嗚呼､ハンラ山だぞ！｣1998年11月19日の朝､かくして我々のハンラ山観光は始まったのであった。

5. 韓国の湿地はシベリアから飛んできた渡り鳥が日本に渡る前に立ち寄るところである｡ところが､昨今あらゆるところで進められている地域開発の余波により見た目だけでも湿地はもう(　)。

6. 人の人生は喜びや悲しみが入れ混じりながら成り立って行くのである｡どんなに(　　)に見える人でも､その心中には悲しい傷跡が残っているものであり､どんなに悲しい人でも喜びの瞬間を胸中に留めているものである。

7. 才能が優れている人はおごり(　　)人に対する丁寧な接し方を先ず学ばなければならない｡また聡明な人はうわべだけに捕われやすいので､何でも深く考えて理解する努力をしなければならない。

8. 現代人が疎外感を覚えるのは､人々がそれぞれ生活に追われて日々の暮らしに精一杯であるのも(　　)他人のプライベートを細かく聞いたり興味を示さない都会のライフスタイルによるところも大きい。

9. 飲酒運転をすると交通事故を引き起こしやすくなるというのは常識だが､これを知っていながらも引き止めずに同乗する行為は社会的(　)本人及び他人の安全を考慮すべき義務を疎かにしたと判断できる。

10. 様々な機能を備えた新型携帯電話が毎日のように溢れ(　　)消費者の反応は冷ややかである｡値段が高くなるだけで不要な機能が追加されて返って使いづらくなっているからである。

11. 最近国家間の自由貿易協定の締結が活発になっている｡しかし他国と競争できる能力が十分に備わっていない状態で市場が完全に(　)脆弱な分野の産業が崩壊する恐れがある。

12. 最近の若者たちは面倒なものを嫌がり、簡単で早いものだけを好むのは、事実である。しかしあまりにも暗号化しているチャット用語は言語を(　)世代間のコミュニケーションを妨げる問題を抱えている。

13. デコボコの舗装されていない道を走っている間、いつの間にかうっかり眠りに落ちてしまった。降りるように案内するガイドの声に目が覚めて窓の外側を覗き込むと太陽にきらめく湖や雪山が作り出した壮大な景色は(　)眩しいほどであった。

14. インチョン市のとある小学生たちがコツコツと貯めた寄付金を'愛の財団'に届けてきた。子供たちの優しい心は恵まれない子供たちに(　)役立つだろう。

15. 内容も知らないまま、上映時間まで間もないという理由だけで選んだ映画は期待以上に心温まるものだった。現代の人々の人間関係を改めて(　)させるこの映画は、ブサン国際映画祭の出品作だったという。

16. 運動の計画を実践するに当たって先ず障害になるものが怠け心だとすれば、二番目は運動靴と言える。自分の体型や運動強度に合わせた運動靴を履かないと痛みだけでなく関節や筋肉に負担を与え運動を(　)。

17. 消防災難本部によると、月平均２０万件に及ぶ救助要請を受けるが、この中で正常に処理された件数はわずか11.5%である。市民の勘違いだったり、早とちりで消防員の仕事が(　)、本当に緊急な救助が必要な市民にとばっちりが行き救助できなくなる場合もある。

18. ほとんどの南米人は明るくて陽気で楽天的な気質を持っている。貧富の差が激しく相対的貧困により不幸を(　)彼らは厳しい現実でも笑顔と心の余裕を失わない。

19. いちいち覚えることすら大変な記念日、それに「何とかデー」まで気にしていたらお金が続かず泣きを見ることになるかも知れない。人の気持ちというのは妙で、最初から全く(　)やっていたことを止めると逆に恨まれることがあるからである。

20. 新しく出版された小説「化身」は神話的、科学的、歴史的な知識を幅広く扱っている膨大な内容の小説である。しかし作家は小説に推理の要素を加え、(　)絶え間なく謎の秘密を解いていくように緊張感溢れる構成をした。

Ⅳ.

1. 多くの就職浪人たちは高望みをやめられず、毎回失敗を繰り返すという。大企業が中小企業に比べてさまざまなメリットがあるのは事実であるが、優れた能力を持つ人材が集まった巨大な組織の中でチャンスを掴めないのであれば、小さな組織である中小企業に入社してあらゆる仕事をこなしながら経験を積んでいった方が良いのかもしれない。

2. 昌徳宮は朝鮮時代の宮の中でもその原型がそのまま保存されており、自然と建築物の調和が抜群であるところが高く評価され、1997年にユネスコの世界文化遺産として指定されたという。昌徳宮が世界文化遺産に指定されただけに我々は力を合わせて大切に守っていかなければならない。

3. 最近頻繁に耳にする言葉が「グローバル化」、「国際化」である。一般人はグローバル時代に歩幅を合わせようと子供たちを小さい時からいろんな教育や海外研修をさせており、政府は貿易のグローバル化を訴えながら輸入制限の解除を推し進めている。

4. 一般的に、日記というのは人に見られないことを前提で書く自分自身との会話である。しかし、今回出版する「00日記」は少し異彩を放っている。インターネット上の個人ブログに書き込む日記であるため「自分との会話」でありながら、非常に意図的な「人との会話」でもある。

5. 「文化観光解説者」は地域の歴史、文化財、自然生態についての専門知識を観光客の目線に合わせて分かりやすく伝えるだけでなく色々な観光情報を提供して観光客が再び訪れたくなるようにするなど、観光文化のレベルを高めることに重要な役割を果たしている。

6. 狂牛病の脅威が世界中を脅かしているにもかかわらず、各国は今まで狂牛病を引き起こす因子が「フリオン」という独特なたんぱく質だという程度しか分かっておらずワクチンもないため、最初から病気にかからないようにするぐらいの予防措置に頼っている。

7. 会話は人間生活に必要な精神的活力を作り出す源である。会話のない生活は意味のない生活である。人間であっても社会であっても長い間会話が途切れると次第に疎くなり、生きていながらも死んだも同然となる。

8. 20世紀に韓国に数々の欧米のスポーツが紹介されるに伴い、シルムは国民的スポーツの頂点の座を譲ることになった。なぜなら、シルム大会は国内でしか開かれず、新しい教育を受けた若い世代には古いスポーツとして認識され、次第に人気を失い他のスポーツに比べ競争力を失うことになったからである。

9. 女性みんなが内気で大人しかったから育児を任されたわけではなく、女性に与えられた仕事が家事や育児、旦那のサポートなどだったから、それに合わせて少しずつ変わってきたわけで、そのような特徴がまるで女性の美徳であるかのように讃えられてきただけです。

10. 世界経済から大きい影響を受ける産業の一つである海運産業が経済危機の皺寄せで喘いでいる。これに対し政府は迅速に海運産業支援のための政策を制定し、このような政府の対策が立てられるやいなや、関連の株価は高騰した。

11. 近頃、小・中・高校生の傍若無人な振る舞いが度を越えて教師が我慢の限界に達する場合もあるという。もちろんこういう場合にも平常心を乱してはいけないが、教師も人の子である故、ある程度は怒りを表に出すこともあるだろう。ただ、その怒り方において教育的な面を考えなければならないところが教師としての難しさであろう。

12. 不景気の影響により経済成長率が低迷し購買力が低下したにもかかわらずミネラルウォーターの販売市場は4%ほど成長したことが分かった。体に良い水に対する消費者の認識は次第に高まっているため、ミネラルウォーターの市場は今後も成長を続けると専門家は予測している。

13. 1ヶ月間の旅を終え、今更ながら試しもしないで後から後悔するより素早く決めて行動に移すのが若者として望ましい在り方じゃないかと思うようになった。誰かが言ったように、グズグズしている暇があればもっと大きな夢を抱いたほうがいい。

14. 連日猛暑が続いている中、不動産市場はシーズンオフの真っ只中だ。猛暑に夏休みまで重なって取引は殆ど途切れていると言える状態だ。特に不動産ローンの貸付の規制が強化され、マンションをはじめとする全ての不動産に一斉に値下がり傾向が現われた。

15. 第12回「農業人の日」を迎え、各種行事や記念式が行われた。記念式では厳しい環境の中でも我々の農村を守り続けている農家の人たちをねぎらい、農業の発展に大きく貢献した30人余りの人に大統領表彰をはじめとする各種表彰が授与された。

16. 埃や亜硫酸ガスの発生が増加し、都市部の環境を悪化させているだけでなく毎日膨大な生活汚水が河川に流れ込み、河川の汚染は深刻なレベルに達している。このような都市部の環境問題を解決するためには汚染防止のためのあらゆる水質管理対策を立てて実行しなければならない。

17. リーダーに必要な資質として危機管理能力を挙げられる。迫り来るかもしれない不利益を覚悟の上で危機一髪のところで素早く判断を下さなければならない。さらに、自分の選択に対する自信と緻密さを持たなければならない。

18. 朝の通勤でコーヒー専門店の前を通りかかる時に香ばしい香りに引かれて一杯、新製品のアイデアを出さなくてはならない会議の前には緊張を和らげるために一杯、仕事が終わって久々に会った同級生とも一杯。3杯ぐらい大丈夫だろうと思って飲んだが夜なかなか眠れなかった。

19. ソウル市が進めている火葬場の拡張計画が我々区民の意思とは関係なく決定しました。これにより我が区の住民たちの財産権、環境権などに甚大な被害が発生する恐れがあり、ソウル市の決定に反対します。住民たちの民意に耳を傾け、拡張計画を再検討するよう御尽力願いたく、この意見書を提出致します。

20. ユンノリは良い目を出すだけでは勝てない。勝利の為には駒の使い方も大事である。相手の駒に捕えられないように、一番近い道を辿りながら、味方の駒同士を重ねて複数の駒が同時に動くようにすれば上がりも早くなり勝ちやすくなる。

V.

1. 先進国に比べ、都市化が早く進められた発展途上国では過度に人口が(㉠)住宅不足や居住環境の悪化などの問題が発生している。このような問題を解決すべく宅地開発事業を通じて住宅普及率を㉡<u>高めようとする努力と共に</u>、都心の古い住宅を対象に再開発事業を実施した。しかし新しく建設する住宅は主にマンションに集中しているため、低所得層の居住環境改善の問題が解決されたとは考えにくい。

2. 統計庁の発表によると、わが国の消防士1人当たりの担当人口数は2,082名であることが分かった。日本は841名、アメリカはわずか208名というから、アメリカの10倍に当たる。昨年度の消防現場で殉職した消防士が20人、負傷者も250人に達している。彼らの任務は国民の大切な命や財産と深い関係があるにも関わらず、勤務環境は(㉠)。消防士がプライドを持って安全に㉡<u>仕事が出来るように</u>政府は勤務環境改善に努力すべきであろう。

3. 人々の日常生活や本音を分かりやすく話し合おうとする庶民たちの言語生活の中から、「暮らしの真の姿」を率直に分かろうとする知恵が窺える。特に、このような率直な表現方法は慣用句やことわざの使い方によく表われており、慣用句はある特定の事柄を常にそのような方法で(㉠)韓国人全てに既に親しまれている言葉である。非常に近い距離を「うつ伏せになると鼻が届くところ('目と鼻の先'の意味)」と言ったり、時間の流れが非常に速いことを「月日は放った矢の如し」などのように表現するのが慣用句なのである。慣用句は国語の共同体が長きに渡って使い続けた結果できた国語の㉡文化であるため、その中には韓国語の面白さや韓国人ならではの考え方が込められている。

4. 旅行、特に海外旅行は計画し準備する段階からとてもワクワクする。しかし、いざ空港に降り立った瞬間から苦労が始まるケースも多い。もちろん、外国人として見ず知らずの国を旅行しながら苦労をし(㉠)予想する人は誰一人いないであろう。しかし度を過ぎて不愉快なレベルまで達すると二度とその国には行きたくなくなるだろう。つまり、このような不便な点を㉡解消しなければ外国人はその国を二度と訪れないだろうし、観光大国になることは夢になってしまうだろう。

5. ところが、ねずみたち諸君に聞く。君たちの仕事は何だ?どこで生まれて、誰が育ててくれたのか。穴を開けて物を盗むのは君たちだけがやっている行為である。たいてい泥棒は外で(㉠)何ゆえ君たちは家の中に住み着きながらも主人の家に害を与えているのか。穴を開けまくり、あちらこちらに出入りしたり、真昼にも堂々と走り回り、部屋から台所へ、居間から部屋へ、好き勝手に振舞っている。硬いものにも穴を開けて箱の中によく忍び込んだり、煙突に穴を開けて煙が漏れるようにする。飲んだり食べたりもして、泥棒同然だ。君たちも腹を満たすために㉡やっていることであろうが、何ゆえ服をかじって着られないようにするのか。

6. 韓国の代表的な古典小説として、沈清伝、春香伝と共に洪吉童伝を挙げられる。洪吉童伝は韓国の代表的な義賊を素材にした小説で、主人公の洪吉童はヤンバン(両班)家のせがれとして生まれたが嫡子でなかったため、身分の壁にぶつかってしまう。物語の中に「洪吉童が次第に成長して8歳に(㉠)群を抜く聡明さがあり一を聞いて百を知るほどであった。それゆえ、父親は洪吉童を可愛がりながらも身分の壁は突き破れず、洪吉童が父上と呼ぶと即座に叱り付け、そう呼ばないようにした」という内容がある。このように、人一倍の才能を見せた洪吉童が男子としての志を㉡実現しようとも朝鮮の身分制度が行く手を阻む。洪吉童は自分の身の上を嘆き、家を離れて盗賊の集団へ入ることになるのであった。

7. もめごとを調整するための代表的な話し合いの方法には結果的に両者とも得するやり方と片方のみが得するやり方が存在する。前者の場合、譲るものは譲り、譲ってもらうものは譲ってもらうという姿勢で話し合いに臨むため、参加者たちは自分と相手の利益を同時に考えている。それに引き換え、後者の場合は相手に㉠損をさせてまで自分の利益を最大化しようとする。この場合、互いに攻撃的な姿勢で話し合いに臨むため、調整が難航(㉡)。結局、前者の方法が話し合いの当事者全てに利益をもたらすと言える。

8. 我々が受け継ぐべき民族文化の伝統として考えられるものは、先に言及した例から(㉠)、過去の因習から脱皮し、新たなものを創造しようとする努力の結果であった。我々が周知している世宗大王の訓民正音の創製過程がこれを証明する。もし世宗が慣習に捉われた保守的な儒学者たちによってハングルを創製しようとする意志を㉡曲げられてしまったら、果たして我が民族文化の最大傑作であるハングルが生まれることが出来たであろうか。

9. 過去に教育省のある官僚がフランスの仏文学博士より韓国の仏文学博士がもっと多いだろうということを冗談めかしく言ったことがある。たまに会う知り合いたちも、今や英語さえ出来ればどこででも通じる世の中でフランス語のような第2外国語の教育が不要ではないかと聞いたりしているのが実態だ。その官僚の発言は(㉠)フランス語教育は不要とむやみに言う人たちの前で、フランス文学の教師として戸惑いを隠しきれない。そのような人たちに、フランス語はただ貿易や旅行のために必要な言語では㉡ないということだけでなく、大学の仏語仏文学科でフランス語だけを習うのではないという事実も強く言っておきたい。

10. 我々が生きるどのような(㉠)大切でない瞬間が一瞬たりともあろうことか。もちろん特に大切な瞬間もあると考える人もいるだろうがどんな瞬間でも意味のない瞬間はないだろう。息をしなくても良い時間、脈拍が止まっても良い日が㉡あるわけないだろうが、我々は時々その大切さを忘れる。時間だけではない。この世に存在するものの中で意味のないもの、要らないものなどもまた、あるわけがない。無駄で意味がなかったらもう既に淘汰され、この世に存在していないはずだからである。

11. いにしえより天文学は空の動きを見て農業の時期を決められるというところから、農業と深く関わっていた。さらに、観測結果によって国家の吉凶を占う占星術が古代国家で重要視された(㉠)政治とも関係が深かったことが分かる。早々に、このような天文学の重要性に気付いた新羅の善徳女王は天体の動きを観察できる「瞻星台」の築造を命じた。慶州の代表的な文化遺産のひとつである瞻星台は、当時の高度な科学技術を見せるだけでなく東洋でもっとも古い㉡天文台であるから、その歴史的、科学的な価値が非常に大きいと言えよう。

12. 内気な人は自信がない。どこか(㉠)自分に満足できず悩む場合が多い。積極性もなくいつも勇気もなくて、何かをする前から負け犬根性で劣等感に陥りがちである。だから内向的な㉡性格によって普通に社会生活ができず落ちこぼれる人もいる。しかし、内気な人すべてが挫折ばかりするわけではない。彼らの中で、たくさんの人が自分の性格を克服しようともっと頑張って働き、勉強する。それこそが彼らに与えられた武器と言えよう。生まれながらにして努力家、倹約家になる宿命を持ったようなものである。

◆ 종합 연습문제 지문

[1회]

12. 韓国人は数多くの儀式や集まりの中で生きている。儀式とは個人よりは集団のアイデンティティや繋がりを重んじる韓国文化の中で長く継けられる所属意識や相互作用を引き出せる集まりの場であると同時に、人脈を大事にする韓国特有の社会性をよく表す場であると言える。

13. ことわざは主に口から口へ伝えられたため、形態的に覚えやすい構造を持っている。簡潔さと同時に韻を踏んでいたり、対句を用いて趣きのある表現を活かしたりもする。「絵に描いた餅」、「上流が清くなければ下流も清くない」などがその例として挙げられる。

14. ヨンセ電子の上半期の売上高は既に損益分岐点を超え、益々伸び続けている。このような成果は世界的な金融危機により経済状況が厳しい中でも果敢な投資や強い革新活動を通じて事業の競争力を高めたのが功を奏したものと専門家は分析している。

15-16

タバコにまつわるあらゆる説話を見ると、その物語の中にキセン(朝鮮時代の遊女)がよく登場するが、それは何故だろうか。それは当時の人々がタバコを妖しい草と考えたためであり、実際妖草とも呼ばれた。忠清北道の公州地方に伝わる物語にも、昔ある男に思いを寄せていたキセンが(㉠)せめて口づけだけでもしたいとその魂が墓の上で花咲き、タバコになったという話がある。つまりタバコは精神や気力を蝕みながらも、㉡忘れようにも忘れられない妖しい草だということである。それ故にタバコのことを別名、相思草とも言う。

[2회]

12. 100ウォン玉に刻まれている忠武公李舜臣は朝鮮時代の名将として亀甲船を初めて作製して実戦に使用し外国の侵略から朝鮮を守りぬいた。強い愛国心や優れた戦略をもって敵を撃退し、歴史上もっとも称えられる名将の一人となった。

13. 今は食べ物があふれているが、食うに事欠くことの多かった時代にはキムチ作りをする時、一度に作る量が非常に多く、一家で数百株ずつの白菜を漬けることもあった。その時多くの人手が必要だったため、隣家の人々が集まり、これを「プンアッシ」といってお互に助け合ったのである。

14. 化石燃料に比べて風力、水力、太陽熱などといった再生可能なエネルギー資源を使用するのは多大なコストがかかる。したがってどんな種類の電力資源を開発するにしても予算を十分に考慮した上で計画しなければならない。

15-16

韓国ギャラップでは「昔よく見られたが、今は消えつつある物」というテーマで韓国の成人男女を対象にアンケート調査を(㉠)。昔はよく見られたが、最近見なくなったり忘れられた物の中で、何が一番に思い浮かぶかについて聞いてみた。名前を聞くだけでも思い出が頭をよぎり昔の香りがする多くの物が急激な変化によって消え去られている。携帯電話が登場するまで最先端の通信機器であったポケベルが姿を消し、大衆の主要な通信手段であった公衆電話が消えつつある事実は、隔世の感を禁じえない。また、「人の情」や「人を配慮するゆとりのある気持ち」のような、温もりを感じられなくなってしまった世相を反映する答えもあった。「情」を重んじる我々韓国社会の姿も共に消え去るような気がして㉡残念でならない。

[3회]

12. ソウル市瑞草洞の家庭裁判所の横に位置する「キムミソン家庭相談所」。相談所を開いてから13年目を迎える所長のキムミソンさんは、その10年以上の時間を危機に瀕している夫婦たちと向き合っている。場所が場所だけに押し寄せる相談依頼に疲れて大変だろうが、常に笑顔で仕事をしている。

13. とあるIT専門のインターネット新聞が本人確認制度つまり実名制度を拒否したことから話題になっている。関連法によると一日の訪問者数が10万人を超える場合、実名確認制度の義務が課せられるが、この新聞社の代表は表現の自由を制約する実名制度に従うくらいなら、いっそ書き込み欄を削除する方針だという。

14. 子供に太陽を描かせると子供たちはまるで約束でもしたかのように赤いクレヨンを手にし、丸い円を描いたあと、その周りに点で広がる光線の模様を描く。その理由は何だろうか。

15-16

大学の発展に寄与した人に入学の際に特別な配慮を与える寄付入学制度についての議論が(㉠)ソウルのとある私立大学がこの制度を推進しているため、その動向が注目されている。大学関係者は大学の固有な権限である学生選抜権、大学の財政確保を通じた教育施設の拡充と奨学金の拡大などを導入推進の理由として挙げているが、この制度は社会的不平等を助長するという否定的な面がある。寄付入学の適用対象が正確に明示され、寄付金の用途が㉡はっきりしているとしても寄付金を前提とした寄付入学制の導入は韓国人の意識の上で時期尚早であると言わざるを得ない。

[4회]

12. 大企業は収入が高く福利厚生がしっかりしていることから、就職希望者たちがわれ先にと入社しようとしているが、何よりも本当にやりたい仕事が出来るか、また自分の能力を発揮できるところなのかを先ず確認しなければならない。

13. 性の商品化が歪曲した性文化を助長する恐それがあるにもかかわらず、我々の社会ではこれをまるで逆らえない時代の流れのように放置している。むしろ性の商品化を煽る傾向すらあるのが実態である。このような社会的な風潮は成長段階の青少年の性意識や価値観を混乱させる。

14. 近頃の親たちは子供に手伝いをさせない傾向がある。経済的に裕福な家庭ではなおさらそういう傾向が強いので、労働の尊さは教科書で学ぶだけで実際に汗かきながら働く経験を全くしないまま成長する若者が多い。

15-16
人と一緒に仕事をしていると、人との間に誤解やコミュニケーションのトラブルが(㉠)。人との過度な接触にうんざりする時もあるし、あまり頻繁に顔を向き合っていると互いに対して我慢できなくなったりもする。また、互いの存在を当たり前のように㉡思うせいで、コミュニケーションのための十分な努力を怠る時もある。それ故、人と人の間は適度な距離を保つ必要がある。我々は実際、相手のことを良く分かってないからではなく、親しくなり過ぎることにより相手を傷つける傾向があるからである。

[5회]

12. 共同住宅でペットを飼うのは個人の自由である。したがって他の誰かの安全を脅かさない以上、ワニであろうが犬であろうがその飼い主の自由な意思を尊重しなければならないと思う。

13. 我々はある文化的な現象を見て判断する時、客観的な思考を備えておかなければならない。社会の文化はその社会が置かれている特殊な環境や状況に順応してきた歴史的な過程から生まれたものだから、それなりの価値があることを看過してはいけない。

14. 寄付入学制とは、特定の学校に物資を無償で寄付し財政面で顕著な功労が認められた場合や大学の設立または発展に物資以外の形で貢献した人の直系子孫に対して一定の基準に従い入学が出来るよう特例を与える制度を言う。

15-16
大学で地域住民のための社会事業の一環として大学の博物館を一般公開し好評を博している。地域住民に博物館を(㉠)所蔵品についての説明や訪問客に有意義な教育的体験を提供するのである。したがって、国立博物館のない地域や文化施設が少ない地域の住民にとっては㉡チャンスである上に文化体験のきっかけにもなる。このように様々な教育プログラムの開発を進めていけば大学博物館が地域社会でも立派な教育機関として機能するようになるだろう。

색인

ㅈ

ㅌ

외국인을 위한
한국어 문법 연습 (고급)
일본어판

편저자 연세대학교 한국어학당 교재편찬위원회
집필진 조현선 · 강영선 · 박지연 · 임삼미
펴낸곳 연세대학교 대학출판문화원

주소 서울시 서대문구 연세로 50
전화 02) 2123-3380~2
팩스 02) 2123-8673
ysup@yonsei. ac. kr
http://www. yonsei. ac. kr/press
등록 1955년 10월 13일 제9-60호
인쇄 (주)동국문화

2012년 11월 12일 1판 1쇄 2014년 5월 9일 1판 2쇄
ISBN 978-89-97578-59-7 (03710)

정가 20,000원